50년 요리 명가의
아이 반찬&간식

50년 요리 명가의
아이 반찬&간식

만능양념장부터 매일 반찬까지 특별한 내 아이를 위한 요리 명가의 비밀 레시피

박보경 지음

다봄

들어가는 말

들어가는 말

우리 집안의 손맛이 담긴 아이 반찬의 비밀

제가 어릴 때 어머니는 늘 바쁘셨지요. 이어지는 학원 강의와 방송 활동 등으로 아침에 나가시면 밤늦게 잠깐 어머니의 얼굴을 보는 날이 많았습니다. 그래서 학교에서 돌아오면 냉장고 문을 열고 어머니가 준비해 두고 가신 반찬을 꺼내 밥을 먹었던 기억이 새롭습니다. 그때도 어린 마음에 제가 좋아하는 닭고기조림이나 불고기를 발견하면 얼마나 기뻤는지 몰라요.

"오늘은 냉장고 속에 뭐가 있을까?"

어머니가 해두신 반찬이 무엇인지 궁금했던 제가 한 아이의 엄마가 되었답니다. 마음이 벅차기도 하지만 걱정이 되기도 하는 게 사실입니다. 어떻게 아이를 길러야 할까요? 아이를 위한 먹거리는 어떻게 준비해야 할까요? 할머니(하숙정)와 어머니(이종임) 그리고 저의 특별한 집안 환경 탓인지 주변 사람들은 우리 집에서 아이를 위해 무얼 먹이는지 많이들 궁금해 합니다. 이번 기회에 할머니부터 내려오는 우리 집안 아이 먹거리의 모든 노하우를 하나도 남김없이 공개할까 합니다.

50년 요리 명가의 비법과 최신 트렌드가 함께

할머니는 1960년대 한식의 토대를 마련하고 헌신적인 교육을 통해 수많은 요리 명인을 배출하셨으며 어머니는 김대중 대통령의 국제 만찬을 차려내는 등 최고의 요리 연구가로 한식의 세계화에도 큰 족적을 남기셨습니다. 저 역시 이 두 분의 성취에 누가 되지 않도록 노력하며 저만의 새로운 요리 세계를 만들어가고 있습니다.

이 책에서는 특별히 3대에 걸친 우리 가족의 손맛이 담긴 아이 반찬과 간식의 비결을 공개합니다. 할머니 대부터 우리 집은 한식 위주의 소박한 밥상을 차립니다. 가짓수도 많지 않습니다. 제철 재료를 이용한 평범한 음식이지만 특별한 맛을 자랑하는 만능양념간장을 비롯해 식재료의 절묘한 조합이 빛나는 아이를 위

한 반찬과 간식을 모두 공개하려고 합니다.

50년 요리 명가의 비법뿐 아니라 요즘 아이가 좋아할 만한 반찬과 간식의 트렌드 역시 놓치지 않았습니다. 된장, 고추장 등 양념은 우리 전통의 것을 쓰지만 조리법은 일식이나 중식 혹은 서양식을 차용해 현대적이고 글로벌화한 맛을 주려 했습니다. 재료에 있어서도 기존의 레시피에서는 잘 볼 수 없던 병아리콩, 방울양배추, 치아시드 등 영양 면에서 좀 더 완벽한 것을 찾느라 최선을 다했습니다.

이런 노력을 통해 어른이 먹는 반찬을 조금 덜 맵게, 혹은 덜 짜게 만들면 아이 반찬이 된다는 안일한 생각에서 탈피해 아이의 건강을 위해 꼭 필요한 음식을 만들려고 했습니다. 그래서 아이를 위한 음식이 나아가야 할 바람직한 방향을 제시하고자 했습니다. 이 책에서는 백설탕이나 마요네즈, 마가린 등 유해성이 거론되는 식품은 매실청이나 두부 페이스트, 포도씨기름 등으로 대체해서 사용했으며 흰쌀 대신 귀리 등 슈퍼 곡물을 사용했습니다. 이러한 건강 식재료를 실제 요리에 활용할 수 있는 다양한 팁을 알 수 있는 기회도 될 것입니다.

엄마의 창의성이 빛나는 아이 반찬

육아의 모든 과정이 그렇듯 아이를 위한 반찬과 간식을 구상하고 조리하는 모든 과정에서 엄마의 창의성은 정말 중요합니다. 하루하루 정신없이 살다 보면 아이를 위한 간단한 반찬이 딱히 떠오르지 않아 '오늘은 또 뭘 해 먹여야 하나?' 싶은 순간이 있습니다. 그럴 때 펼쳐보고 작은 아이디어를 얻을 수 있는 책이 된다면 저에게는 최고의 만족입니다.

끝으로 제가 집안의 대를 이어 요리의 길을 택하고 성장해 나갈 수 있도록 많은 가르침과 격려를 베풀어주신 외할머니, 아버지와 어머니, 시부모님께 깊은 감사드리며 늘 든든하게 함께하는 남편에게도 진심으로 고마움을 전합니다.

2016년 12월

박보경

5

차례

제1장

아이 성장의 핵심
* 육류

제3장

우리 아이의 뼈 건강
* 두부, 달걀, 해조류

제4장

뇌가 건강한 아이 만들기
* 등푸른 생선, 견과류, 슈퍼 곡물

제5장

반찬만큼 중요하다
* 간식

아이 반찬과 간식의 원칙

 언뜻 아이와 어른의 반찬은 별반 다를 것이 없지 않을까 생각되지만 자세히 살펴보면 둘 사이에는 현격한 차이가 있습니다. 아이가 먹는 반찬은 고려해야 할 것이 훨씬 더 많지요. 아이용 반찬과 간식을 구상하고 조리할 때 엄마가 마음에 두어야 할 점은 무엇일까요?

① 균형 있는 영양소의 섭취가 중요하다

최근 가정에서 하는 식사가 점차 줄고 간편한 인스턴트식품과 외식이 증가하면서 우리 아이들의 영양 불균형이 가속화되고 있습니다. 또한 식사마저 불규칙해지면서 대충 간식으로 끼니를 때우는 경우도 늘고 있으며 간식으로 각종 스낵, 패스트푸드와 혼합 음료 등의 섭취 비율이 증가하고 있습니다. 이러한 인스턴트식품과 간식은 칼슘, 철분과 비타민 등 아이들에게 필요한 미량 영양소가 결여되어 있고 열량 과잉으로 비만은 물론 영양 불균형도 초래합니다. 성장기 아이들에게 필요한 필수영양소와 미량의 무기질 등을 골고루 갖춘 식품을 적극 활용하고 우리 아이의 성장을 방해하는 패스트푸드, 스낵류 및 라면 등의 가공 식품은 피하는 것이 좋습니다.

어린이 성장 발육에 꼭 필요한 영양소

- **단백질** – 콩, 두부, 두유, 달걀 등과 그외 육류, 어패류에 많다.
- **무기질(칼슘)** – 우유, 두유, 치즈, 요구르트 등의 유제품과 멸치, 뱅어포 등의 뼈째 먹는 생선, 미역 등의 해조류에 많다.
- **비타민 및 식이섬유** – 시금치, 당근, 호박 등의 채소와 해조류, 버섯류, 과일류 등에 많다.
- **탄수화물** – 쌀과 잡곡류 등에 많다.
- **지방** – 쇠고기, 닭고기, 등푸른 생선, 견과류 등에 많다.

② 제철 음식을 즐기고 음식에 색깔을 입히자!

영양 성분을 풍부하게 함유하고 있는 제철에 나는 식재료를 활용하고 똑같은 반찬이라도 다양한 색깔의 식재료를 적극 활용하여 음식을 시각적으로 돋보이게 하는 것이 좋습니다. 식품의 다양한 색이 가지고 있는 여러 가지 성분과 효능을 알고 음식에 골고루 이용하는 것이 좋습니다. 제철에 나는 식재료가 농장에서 우리 식탁에 오르는 과정을 아이들이 직접 확인하고 체험할 수 있도록 아이들과 함께 농장을 둘러보는 것도 도움이 됩니다. 이러한 과정을 통해 아이들은 소중한 먹거리를 제공하는 모든 분께 감사하는 마음을 갖고, 더 나아가 주변을 배려하며 함께 나누는 소중함을 깨우칠 수 있습니다.

③ 천연 조미료를 사용하자

다양한 과일로 담근 청을 설탕 대신 사용하고 신선한 재료를 이용해 양념류, 소스, 드레싱, 천연 조미료가루 등을 만들어두면 조리할 때마다 간편하게 이용할 수 있습니다. 특히 신선한 채소와 과일 등은 천연 항산화 물질이 풍부하여 어린이에게 유익한 식품이지만 샐러드로 먹을 때 넣게 되는 인스턴트 가공 소스(드레싱)는 기름의 사용량이 많고 몸에 유해한 각종 첨가물이 함유되어 오히려 건강을 해칠 수도 있습니다. 우리 아이의 건강을 지키기 위해 과일이나 요구르트, 깨 등을 이용한 천연 홈메이드 드레싱을 만들어보면 어떨까요?

④ 아이가 좋아하는 식재료를 적극 활용하세요

어찌 보면 아이들이 좋아하는 식재료는 매우 제한적입니다. 고구마, 감자, 각종 고기류와 생선, 빵 정도로 어른들처럼 다양하지 않습니다. 아이들이 별로 좋아하지 않는 재료로 음식을 만들어서 제대로 먹지 않는다거나 밥투정을 한다고 아이를 나무라는 것은 옳지 않습니다. 엄마부터 항상 창의적인 음식을 만들 수 있도록 노력해야 합니다. 실제로 따져보면 몇 가지 되지 않는 아이들이 좋아하는 식재료를 주재료로 하면서, 아이들이 싫어하는 채소나 버섯류 등을 살짝살짝 가미하는 것이 아이 반찬과 간식의 핵심 노하우라 할 수 있습니다. 이 책의 다양한 레시피를 통해 그런 노하우를 습득할 수 있을 것입니다.

⑤ **아이의 편식, 이렇게 개선해보세요**

어렸을 때부터 다양한 음식을 보여줌으로써 이를 반복적으로 경험한 아이는 음식에 대한 긍정적인 마인드를 갖는다고 합니다. 아이들이 싫어하는 재료를 식기로 활용하여 자연스럽게 친숙해지게 한다든지, 식재료를 이용하여 아이들이 좋아하는 놀잇감으로 만들어 만져보고 굴려도 보는 과정에서 자연스럽게 특정 식재료와 친숙해질 수 있습니다. 아이들의 눈높이에 맞춰 아이들이 좋아하는 캐릭터 모양으로 음식을 장식할 수 있으며 음식을 담아낼 때도 아이들이 좋아하는 알록달록한 색상의 식기와 식사 도구를 활용하는 것도 아이들의 식사 시간을 긍정적으로 변화시키는 요인입니다.

참고로 아이들의 편식 개선을 위한 푸드브릿지(Food Bridge) 프로그램을 소개합니다. 푸드브릿지이란 '식재료를 이용해 단계별로 다양한 형태로 제공하여 아이들이 싫어하는 음식과 친숙해지게 만드는 편식 개선 프로그램'입니다.

편식 개선 프로젝트: 푸드브릿지(Food Bridge)

• **1단계: 친해지기**
시각적 경험과 노출을 통하여 경계심을 완화시킵니다.
예) 식재료를 아이들의 장난감 소재로 활용해도 좋고 음식을 담는 식기를 이용하여 자연스럽게 시각적으로 노출시킵니다.

• **2단계: 간접적으로 노출하기**
아이들이 싫어하는 식재료를 곱게 갈거나 잘게 다져서 형체를 알아볼 수 없도록 합니다.
예) 시금치나 당근은 즙을 내어 수제비 반죽에 이용할 수 있습니다.

• **3단계: 소극적으로 노출하기**
아이들이 싫어하는 다양한 채소를 잘게 썰고 섞어서 아이들이 선호하는 조리법(튀김, 볶음류 등)의 속 재료로 사용합니다.
예) 파프리카, 호박 등을 잘게 썰어 만두 소 재료로 넣거나 미트볼 재료로 사용합니다.

- 4단계: 적극적으로 노출하기

  앞의 3단계 과정을 거쳐 아이들은 다양한 경험과 노출을 통해 식재료에 대한 친숙도가 증가하였으므로, 음식 자체가 가지고 있는 본연의 맛과 식감, 향 등을 느끼게 합니다.

  예) 식재료 자체의 맛을 느낄 수 있도록 주스로 갈아 준비합니다.

⑥ 덜 자극적인 음식에 친숙해지도록

성장기 어린이의 미각은 다양한 경험을 통해 꾸준히 형성되고 발달됩니다. 아이들의 식성을 변화시키기 위해서는 반복적인 노출과 경험이 중요하게 작용합니다. 이 시기에는 다양한 음식에 대한 미각적 노출이 필요합니다. 특히 중요한 것은 아이의 미각 형성과 발달에 방해가 될 수 있는 자극적인 맛을 지양하게 하는 것입니다. 입맛은 어릴 때부터 형성되어 평생 변하기 어려운 습관입니다. 어릴 때부터 덜 짜고, 덜 달고, 덜 맵고, 덜 자극적인 음식 섭취를 통해 오장을 튼튼하게 하고 건강한 한국식 미각을 형성하는 것이야말로 아이 반찬과 간식을 만들 때 가장 중요한 실천 지침입니다.

아이 반찬과 간식
6대 비법

우리 집이라고 특별한 비법이 있다고는 생각하지 않습니다. 특히나 아이 반찬을 만들 때 모든 부모는 내 아이가 건강하기를 바라는 마음과 정성을 담아 만들 것입니다. 음식의 비법이란 마음에 있는 것입니다. 그래서 흔하디흔한 음식도 정성을 다해 만들면 맛은 저절로 따라오는 것이 아닐까 생각해봅니다. 급히 수돗물을 틀어서 맹물을 육수로 사용하기보다 번거롭더라도 천연 재료를 넣는 것이 정성의 시작이며 그러한 정성이 맛의 비결 중 으뜸이라고 생각합니다. 그리고 기본에 충실한 것, 쉽고 빠르게 가려 하지 않고 요리의 원칙을 지키는 것이 가장 훌륭한 비법이라고 할 수 있겠습니다.

1. 육수는 반드시 천연 재료를 사용

모든 국물 요리의 기본이 되는 육수는 반드시 멸치, 다시마, 북어, 건새우 등과 채소 등 천연 재료를 넣어 만듭니다. 채소 자투리도 육수에 넣고 이용합니다. 음식을 만들고 남은 자투리 채소의 처리가 난감할 때가 많은데 무 꼭지와 양배추의 심대, 배추와 표고버섯의 밑동, 양파 껍질, 다시마 등을 넣고 끓여 육수를 만듭니다. 그다음 식혀서 비닐팩에 담아 냉동 보관하고 육수가 필요할 때마다 쓰면 음식의 깊은 맛이 우러납니다. 멸치가루는 물론이고 새우가루와 버섯가루, 다시마가루 등을 항상 준비해놓고 나물을 무치거나 조림 등에 양념으로 씁니다. 멸치가루와 새우가루는 김치를 담글 때도 넣을 만큼 애용하는 재료입니다. 멸치가루를 넣어서 김치를 담으면 익을 때 훨씬 감칠맛이 나는 맛있는 김치를 먹을 수 있습니다. 무엇보다 천연 재료의 육수가 보다 맛있는 음식으로 밥상을 풍요롭게 해 아이들을 튼튼하게 키운다는 사실을 기억하시기 바랍니다.

2. 언제나 제철 재료를 사용

아무리 손맛이 좋아도 식재료의 경쟁력이 없으면 결코 훌륭한 음식 맛을 낼 수 없습니다. 그만큼 음식 맛이 있고, 없고는 재료가 가지는 비중이 크고 제철 재료라면 일단 맛을 보장하는 최저능선은 넘은 것이라 볼 수 있습니다. 근래에는 비닐하우스 재배와 장기 보관이 가능해지면서 제철 식품의 의미가 예전보다는 많이 희미해진 것이 사실입니다. 그러나 어류는 산란기에 따라, 채소는 작황 시기에 따라 맛과 영양이 다릅니다. 보관 기간이 길어지는 경우에도 식품에 함유된 영양소나 수분이 손실되므로 무엇보다 제철 식품으로 조리하는 것이 우리 집 밥상의 가장 중요한 원칙입니다. 아이 밥상 역시 예외가 아닙니다. 봄에는 주로 나물과 딸기, 꽃게, 미역, 다시마 등을 먹고 여름철에는 부추, 가지, 복숭아, 포도를, 가을에는 각종 버섯과 대하, 고등어, 귤, 연근, 견과류 등으로 밥상을 차립니다. 사람의 몸이 계절에 따라 변하듯이 음식도 마찬가지로 제철 재료를 먹는 것이 자연의 이치가 아닌가 합니다.

3. 한식의 대표적인 발효식품, 장류는 직접 담가 사용

우리 집에서는 고추장, 된장과 간장 등 한식의 기본이 되는 발효식품인 장류를 만들어 먹습니다. 전통 재래식 장류는 오랜 시간에 걸쳐 천천히 발효되는 과정에 우리 몸에 필수적인 각종 영양소, 무기질과 장류 속에 포함된 각종 미생물이 분비한 효소들이 결합되어 건강한 감칠맛과 천연의 풍미를 제공합니다. 특히 재래식 된장은 항암효과가 탁월하며 신장 질환과 혈액순환을 촉진하는 효능이 있습니다. 특히 어린이에게는 성장 발달과 면역력 증강을 위해 전통 발효식품을 많이 먹이는 것이 좋습니다. 우리 아이와 가족의 건강, 더 나아가 우리의 생태 건강까지 지키기 위해 오염되지 않은 원재료를 이용하여 만든 전통 발효식품인 장류는 우리의 보물입니다.

4. 설탕 대신 발효청(매실, 생강, 유자청 등)을 만들어 사용

설탕은 가공 과정에서 영양소는 제거되고 우리 몸 속에 빠르게 흡수되는 탄수화물로 남게 됩니다. 이는 인슐린 분비를 유발하기 때문에 금방 배가 고프게 되어 실제로 비만을 유발하게 됩니다. 특히 아동 · 청소년기에 설탕을 다량 섭취하게 되면 성장 저해와 집중력 감소에 영향을 줄 수 있으며 나이가 어릴수록 단맛을 내는 설탕에 대한 중독을 이겨내기가 어렵기 때문에 더욱 주의가 필요합니다. 요즘 많이 사용하는 매실청, 유자청, 생강청 등 발효청에 설탕 성분이 많아 걱정하는 소리가 있습니다. 하지만 과일에는 유기산과 영양소가 풍부하여 음식을 만들 때 설탕 대신 사용하면 좋습니다. 매실청은 아이 반찬 등에 설탕 대용으로 쓰고 생강청은 감기 등 몸 상태가 안 좋을 때 물에 타서 마시면 좋습니다. 또 생강청을 만들고 남은 생강이 있다면 술을 부어 조미술을 만들어도 좋습니다. 냉장 보관하고 고기나 생선요리에 넣으면 잡냄새나 비린내가 나지 않아 맛있는 음식을 만들 수 있습니다. 이외에도 집에서 먹다 남은 과일을 모아 설탕에 재워 과일청으로 이용할 수 있습니다.

초 간단 황매실청 만들기

- 재료

  황매실 5kg, 황설탕 5kg, 보관 용기

- 만드는 법

  1. 매실 꼭지를 떼고 깨끗이 씻어 서늘한 곳에 말린다.
  2. 볼에 매실과 설탕을 동량으로 넣고 골고루 섞어 한나절 두어 설탕을 잘 녹인다.
  3. 소독한 유리병이나 항아리에 ②의 매실을 담고 설탕으로 잘 덮은 후 밀봉한다.
  4. ③을 서늘한 곳에 두고 자주 저어 설탕이 완전히 녹아 잘 섞이게 한다.
  5. 3개월 정도 지난 후 ④의 매실 과육이 쪼글쪼글해지면 건져내고 매실 원액은 매실청으로 활용한다.

TIP 황매실로 담으면 빛깔이 진하고 향과 맛이 깊다.

5. 조림이나 볶음을 할 때 물엿 대신 쌀조청을 사용

조림이나 볶음을 할 때 일반적으로 쓰는 물엿 대신 쌀과 엿기름을 섞어 끓인 쌀조청을 씁니다. 설탕으로 만드는 일반 물엿과 달리 겉보리의 싹을 틔워 가루로 만든 엿기름과 멥쌀로 만든 고두밥을 함께 숙성하고 자연 당화시켜 만든 쌀조청은 자극적이지 않고 건강하면서 은은한 단맛을 내어 음식의 풍미와 감칠맛을 더합니다. 일반 물엿보다 열량이 낮고 소화가 잘되며 성장기 어린이 뇌의 에너지 공급에 도움을 주어 아이들이 좋아하는 생선조림이나 감자조림, 떡볶이, 닭볶음탕 등에 넣으면 좋습니다.

6. 파와 마늘은 필요할 때마다 손질해서 사용

찜이나 찌개, 탕, 조림 등 거의 모든 한국 음식에는 다진 마늘과 파 등의 양념이 들어갑니다. 특히 다진 마늘이 음식에 들어가느냐, 안 들어가느냐에 따라 맛의 차이가 크지요. 마트에 가면 마늘을 다져서 파는 포장 제품이 많습니다. 파 역시 손질한 다음 잘게 썰어서 밀폐 용기에 넣어 냉장 보관하면서 쓰는 경우가 많습니다. 이런 방법이 편리할지는 몰라도 보관했던 양념을 넣은 음식은 아무래도 맛이 떨어집니다. 시판되는 다진 마늘은 마늘의 아린 맛이 더 강하게 느껴집니다. 마늘과 생강, 파 등을 미리 썰어서 보관하지 말고 필요할 때마다 다지거나 썰어서 신선하게 음식을 만들면 맛을 제대로 살릴 수 있습니다.

아이를 위한 대체 식재료

아이 음식을 만들 때는 설탕 대신 매실청을, 쌀 대신 귀리를, 마요네즈 대신 두부 페이스트를, 마가린 대신 포도씨기름을 씁니다. 이런 대체 재료라고 해서 만들기 어렵거나 유난스레 비싼 식품이 아닌 우리 주변에서 구하기 쉬운 재료들입니다. 소개하는 4가지 대체 식재료와 함께 보다 건강한 아이 반찬과 간식을 만들어보기로 해요.

설탕 → 매실청

정제 설탕의 유해성은 누구나 잘 알고 있을 겁니다. 설탕 대신 사용하는 매실청에 들어있는 피크린산은 소화에 도움을 주고 간과 신장 기능을 활성화하여 몸의 해독과 배설에 효과적입니다. 특히 여름철 식중독, 배탈 예방에 효능이 있습니다.

쌀 → 귀리

귀리는 우유에 비견될 만큼 완벽한 식품이고 단백질 함량이 쌀의 두 배가량 됩니다. 또한 식이섬유가 풍부해 소화가 잘되며 성장기 어린이에게 꼭 필요한 칼슘과 비타민이 다량 함유되어 있습니다.

마요네즈 → 두부 페이스트

현재 시판되고 있는 마요네즈에는 아황산나트륨, L−아스코르빈산나트륨과 이산화황 및 산화방지제 같은 각종 식품 첨가물이 함유되어 유해성 논란이 대두되고 있습니다. 가정에서 마요네즈를 대체하여 사용할 수 있는 두부 페이스트는 어린이 성장 발육과 두뇌 발달에 꼭 필요한 단백질과 불포화지방산이 다량 함유되어 있습니다.

마가린 → 포도씨기름

유지류 중에는 각종 식품 첨가물을 넣어 만든 것이 가공 버터인데, 이 중 문제가 되는 것이 인공 경화유로 알려진 마가린과 쇼트닝입니다. 반면 포도씨기름은 천연 항산화제인 비타민E와 리놀렌산이 풍부하여 어린이 비만 예방에 효과적입니다. 또한 카테킨 성분이 성장기 어린이의 면역력 강화에 좋습니다.

설탕 → 매실청

쌀 → 귀리

마요네즈 → 두부 페이스트

마가린 → 포도씨기름

아이를 위한 필수 식품

아이 음식을 만들 때 자주 사용하면 좋은 식재료를 소개합니다. 아이 성장에 꼭 필요한 영양소를 가득 담고 있는 식품들로 성인이 되어서 건강을 지키는 데 기반이 될 수 있는, 보물 같은 식품입니다. 이 재료들을 아이 반찬 속에 모자람 없이 가득 가득 넣어주세요.

파프리카

파프리카는 비타민C는 물론 비타민A와 철분도 풍부하게 함유하고 있으며, 열량이 낮은 다이어트 식품입니다. 또한 성장기 어린이들의 발육 촉진과 면역력 강화에 도움을 줍니다.

토마토

토마토에는 항산화 물질인 라이코펜 성분이 다량 함유되어 있으며 루틴 성분이 혈관을 튼튼하게 해주고 혈압을 내리는 역할을 해 건강에 좋은 식품입니다. 토마토에는 유기산이 적어 자극이 적으며 영양적으로도 우수하고 소화가 잘되어 반찬이나 아이들 음료로 이용하면 좋습니다.

고구마

고구마에는 판토텐산 성분이 함유되어 있어 우리 몸속의 독소를 배출하는 데 좋습니다. 또한 고구마는 식이섬유가 풍부하고 100g당 130kcal 이상의 열량을 내기 때문에 성장기 어린이나 청소년에게 좋은 간식입니다.

브로콜리

브로콜리는 채소 중에서 비타민B, B$_2$ 외에도 특히 비타민A와 C의 함량이 풍부하며 인, 칼슘과 칼륨 등의 미네랄 성분도 많습니다. 줄기 부분에 영양가가 더 풍부하기 때문에 특히 브로콜리를 넣어 끓이는 수프 타입의 요리에는 줄기를 넣으면 더 좋습니다.

호박

호박에 함유되어 있는 베타카로틴 성분은 체내에서 비타민A로 전환되어 아이들 눈 건강에 효과적입니다. 비타민A는 천연 항산화 작용을 하기 때문에 몸에 유해한 활성산소를 억제하는 데 효과적입니다. 비타민과 미네랄이 풍부하여 어린이의 면역력 강화에 도움을 줍니다.

각종 견과류

호두, 밤, 잣, 아몬드, 땅콩 등의 견과류는 양질의 단백질과 지방이 많은 고열량 식품입니다. 하지만 성장기 어린이의 뇌 활동에 도움이 되는 식품으로 하루 한 줌 정도 먹으면 아이들의 뇌 기능 강화에 도움을 줄 수 있습니다.

꽁치

삼치, 고등어, 꽁치 등의 등푸른 생선에는 불포화지방산이 풍부하게 함유되어 태아와 어린이의 두뇌 발달을 돕고 성장기 어린이의 기억력과 학습 능력을 향상시키는 효과가 있습니다.

연어

연어는 오메가3의 함량이 높아 뇌세포의 활성화와 눈 건강 등에 도움을 줍니다. 특히 성장기 아이에게 자주 먹이는 것이 좋습니다.

닭고기

닭고기는 고단백 식품으로 다른 육류처럼 지방이 근육 속에 섞여 있지 않기 때문에 열량이 적고 소화 흡수가 잘되고 담백한 맛이 특징입니다. 또한 다른 육류에 비해 포화지방산이 적고 콜레스테롤 양이 비교적 적습니다.

돼지고기

돼지고기는 단백질, 지방, 철, 인 등이 풍부한 식품으로 특히 지용성 비타민이 많이 함유되어 있으며 기가 허한 아이에게 탁월한 효능이 있습니다.

달걀

달걀은 단백질이 풍부하고, 비타민과 무기질 등 우리 몸에 필요한 필수아미노산이 고루 들어있어 성장기 아이들에게 매우 좋은 식품입니다. 특히 두뇌 발달에 필요한 영양소가 많아 아이들에게는 1일 1달걀을 권장할 만합니다. 한때 노른자가 콜레스테롤의 수치를 올린다는 설이 있었으나 최근에는 오히려 달걀을 꾸준히 먹으면 콜레스테롤의 수치를 내린다는 주장이 힘을 얻고 있습니다.

아이를 위한 황금 소스

우리 집안의 소스 레시피 네 가지를 공개합니다. 만능양념간장과 즉석 대추고추장, 각종 화학첨가물이 없는 무공해 마요네즈와 무첨가물 토마토케첩으로 건강하고 맛있는 아이 식탁을 준비해보세요. 아이 반찬뿐만 아니라 온 가족 요리에 두루 사용할 수 있습니다.

만능 양념간장

재료

배 1/6개(90g), 사과 1/6개(40g), 양파 1/6개(30g),
건표고버섯 2개, 대파 1/3대, 물 5컵, 다시마(10×10cm) 1장,
마늘 3쪽, 양조간장 2컵, 청주 1/2컵, 쌀조청 1컵

만드는 법

1. 배와 사과는 껍질째 얇게 썰고 양파는 큼직하게 썬다. 건표고버섯은 납작하게 썰고 대파는 5cm로 썬다.
2. 냄비에 분량의 물을 붓고 ①의 재료와 다시마, 마늘을 넣고 40분간 끓인다.
3. 체에 ②를 내려 건더기를 걸러낸다.
4. 냄비에 ③을 넣고 양조간장, 청주, 쌀조청을 넣고 10분간 더 끓여 만능양념간장을 만든다.

즉석
대투고투장

재료

물 1컵, 건고추 3개, 대추 10개, 고운 고춧가루 2컵, 소금 · 볶은 콩가루 2큰술씩,
청주 · 생강즙 1큰술, 매실청 1/4컵

시럽 재료: 물 2컵, 설탕 · 배즙 1/2컵씩, 쌀조청 3/4컵

만드는 법

1. 냄비에 물, 씨를 뺀 건고추, 대추를 넣고 1시간 정도 불린다. 믹서에 곱게 갈아 체에 내려 건더기를 걸러준다.
2. 냄비에 ①을 넣고 체에 내린 고운 고춧가루와 소금을 섞는다.
3. 시럽 재료를 모두 섞어 졸이듯이 끓여 시럽을 만든다. ②의 고운 고춧가루와 소금을 넣고 섞는다.
4. ③에 ①과 볶은 콩가루를 넣고 섞은 다음 청주, 생강즙, 매실청을 넣고 끓인다.

TIP

실온에서 1~2일
숙성시킨 다음
냉장 보관한다.

무공해 마요네즈
[두부 페이스트]

재료

두부 1모(400g), 땅콩 5큰술, 레몬즙 · 올리고당 · 올리브기름 3큰술씩,
소금 1과1/2큰술

만드는 법

①

②

③

④

1. 두부는 큼직하게 썬다.
2. 두부를 끓는 물에 살짝 데친 후 체에 밭쳐 물기를 뺀다.
3. 믹서에 땅콩을 넣고 곱게 간다.
4. ③의 믹서에 데친 두부, 레몬즙, 올리고당, 올리브기름, 소금을 넣고 곱게 간다.

무첨가물
토마토케첩

재료

토마토(대) 4개, 양파 1/2개, 마늘 2쪽, 올리브기름 1작은술,
월계수 잎 1장, 고추장 · 조청 2큰술씩, 레몬즙 1큰술, 소금 1/2작은술

만드는 법

1. 토마토는 껍질째 깨끗이 씻어 큼직하게 썰고 양파와 마늘은 곱게 다진다.
2. 믹서에 토마토를 넣고 곱게 간다.
3. 팬에 올리브기름을 두르고 양파와 마늘을 넣어 볶다가 ②의 간 토마토와 월계수 잎을 넣고 끓인다.
4. ③에 고추장과 조청을 넣고 2~3분간 서서히 졸인 후 레몬즙과 소금을 넣는다.

SOS!
이럴 때 이 음식

아이를 키우다 보면 때때로 돌발 상황을 맞게 됩니다. 아이가 갑자기 감기로 아플 때도 있고 후다닥 간식을 만들어야 할 때도 있습니다. 또 가까운 곳으로 야외 학습을 떠날 때도 있습니다. 이럴 때 필요한 것이 엄마의 손맛, 정성이 담긴 음식이지요. 몸이 아픈 아이의 빈 속을 따뜻하게 채워줄 수 있는 요리부터 피크닉용 도시락 반찬까지 엄마의 센스를 발휘할 수 있는 베스트 음식을 소개합니다.

아픈 아이 빈 속을 따뜻하게
쇠고기 채소찜

만드는 법

1. 전자레인지에 모둠 채소를 넣고 2분간 익힌다.

2. 볼에 분량의 재료를 넣고 섞어 양념장을 만든다.

3. 냄비에 기름을 두르고 간 쇠고기와 양념장을 1스푼을 넣어 볶다가 물 1컵을 넣고 끓인다.

4. ③의 냄비에 익힌 모둠 채소와 나머지 분량의 양념장을 넣고 자작하게 졸인다.

재료

간 쇠고기 50g, 모둠 채소(시판용) 1봉(200g), 물 1컵, 포도씨기름 약간
- 양념장 재료: 만능양념간장 2큰술, 다진 마늘 1/2작은술, 통깨 1작은술, 후추 약간

우리 아이 입맛 없을 때
불고기토마토샐러드

만드는 법

1. 볼에 쇠고기를 담고 분량의 양념 재료로 밑간한다.

2. 토마토는 먹기 좋게 썰고 베이비 채소는 씻어서 물기를 제거한다.

3. 팬을 달군 후 고기 양념 재료로 밑간한 쇠고기를 넣어 볶는다.

4. 볼에 분량의 재료를 섞어 참깨 드레싱을 만든다.

5. 볼에 토마토, 베이비 채소, 볶은 쇠고기를 넣고 참깨 드레싱을 끼얹어 버무린다.

재료

쇠고기(불고깃감) 60g, 토마토 1/2개, 베이비 채소 1줌
- 고기 양념 재료: 만능양념간장 1큰술, 후추 약간
- 참깨 드레싱 재료: 통깨 · 쌀올리고당 · 참기름 1작은술씩, 레몬즙 1/2작은술, 소금 약간

31

돼지고기고구마말이

만드는 법

1. 돼지고기는 고기 양념으로 밑 간하고 밀가루를 살짝 뿌린다.

2. 고구마는 손가락 굵기로 썰고 파프리카는 채 썬다.

3. 고구마는 전자레인지에 1분 간 익힌다.

4. 고기 양념 재료로 밑간한 돼지고기에 파프리카와 고 구마를 얹고 돌돌 만다.

5. 팬에 기름을 두르고 ④를 굽 다가 조림 양념을 넣어 조 린다.

재료

돼지고기(샤브샤브용 안심) 70g, 고구마(대) 1/2개, 빨강 · 초록 파프리카 1/4개씩, 포도씨기름 약간

- **고기 양념 재료:** 청주 1작은술, 밀가루 1/2큰술, 소금 · 후추 약간씩
- **조림 양념 재료:** 만능양념간장 · 청주 · 물 1큰술씩

TIP

속 재료로 파프리카 대신 다른 채소나 과일을 사용해도 좋다.

단호박멸치샐러드

만드는 법

1. 단호박은 껍질째 등분하고 사과는 껍질째 먹기 좋게 썬다.

2. 단호박을 전자레인지에 3분 간 익힌다.

3. 단호박의 껍질을 벗기고 숟가락으로 먹기 좋게 으깬다.

4. 볼에 단호박, 사과, 파래견과류가루무침, 소금을 넣고 버무린다.

재료

단호박 1/2개, 사과 1/8개(30g), 파래견과류가루무침(130쪽 참조) 2큰술, 소금 약간

TIP

샌드위치 속 재료로
사용해도 좋다.

오밀조밀
조리 도구

건강한 반찬 만들기의 시작은 제대로 된 조리 도구를 준비하는 것입니다. 아이 반찬과 간식 만들기를 할 때는 조리 도구도 아기자기하고 재미있는 것들을 고르게 됩니다. 알콩달콩 흥미로운 조리 도구가 가득한 우리 집 주방을 소개합니다.

커터기
식재료를 원하는 크기로
자를 때

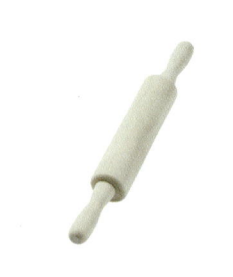

밀대
반죽이나 빵 등의 재료를
일정한 두께로 납작하게 밀 때

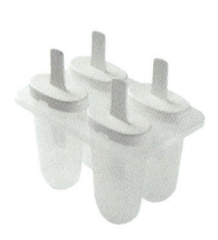

아이스바틀
착즙한 과일이나 요구르트 등의
재료를 틀에 넣어
아이스바로 얼릴 때

거품기
크림, 달걀, 우유 등의 거품을 낼 때

머핀틀
머핀 반죽을 구울 때

매쉬어
익힌 감자나 고구마 등을 으깰 때

미니 오븐팬

가정에서 제과 제빵류를 구울 때

아이스크림 스쿠퍼

아이스크림이나 빙과류를
먹기 좋게 떠낼 때

레몬착즙기

레몬이나 오렌지, 라임 등의
과일류를 착즙할 때

스패튤러

완성된 소스나 양념 등의
유동 음식을 혼합하거나
다른 용기에 옮겨 담을 때

스프레드 나이프

빵이나 샌드위치에
잼이나 소스를 펴 바를 때

짤주머니

반죽이나 생크림, 아이싱 등을
넣어 모양을 내어 짤 때

타이머

주방에서 요리의
소요 시간을 알고 싶을 때

필러

감자나 당근 등
식재료의 껍질을 벗겨낼 때

전자레인지용 용기

재료를 용기에 넣어 전자레인지에
익히거나 데울 때

모든 요리의 첫걸음은 정확한 계량입니다. 계량이 정확해야 음식의 맛도 좋고 반찬을 만드는 자신감도 생깁니다. 1컵의 물, 1/3작은술의 소금도 소홀하지 마시기 바랍니다. 이 책의 모든 레시피는 2인분 기준이며 1큰술은 일반 가정용 밥숟가락을, 1작은술은 일반 가정용 티스푼을, 1컵은 일반 종이컵(190㎖)을 각각 사용했습니다.

가루

1큰술	1/2큰술	1작은술	약간
숟가락에 소복하게 담은 양	숟가락에 반 정도 소복하게 담은 양	티스푼에 소복하게 담은 양	엄지와 검지로 한 번 집은 양

액체

1큰술	1/2큰술	1작은술	1컵
숟가락에 소복하게 담은 양	숟가락에 반 정도 소복하게 담은 양	티스푼에 소복하게 담은 양	종이컵(190㎖)을 가득 채운 양

소스

1큰술	1/2큰술	1작은술
숟가락에 소복하게 담은 양	숟가락에 반 정도 소복하게 담은 양	티스푼에 소복하게 담은 양

다진 재료

1큰술	1/2큰술	1작은술
숟가락에 소복하게 담은 양	숟가락에 반 정도 소복하게 담은 양	티스푼에 소복하게 담은 양

1줌, 1/2줌으로 계량되는 재료들

콩나물 1줌 (50g)	쪽파 1/2줌 (50g)	멸치 1줌 (25g)	팽이버섯 1/2줌 (50g)

개수로 개량되는 재료들

오이	호박	당근	가지

감자	양파	파프리카	두부

제 1 장
아이 성장의 핵심

- 육류 -

육류는 단백질의 좋은 공급원으로,

특히 성장기 아이의 뼈와 근육을 형성하는 데 큰 비중을 차지합니다.

하지만 최근 식생활이 서구화되면서

과도한 육류 섭취로 인한 소아 비만이 문제가 되는 것도 사실입니다.

아이에게 육류 음식을 해 줄 때는 되도록

지방이 없는 살코기 위주로 준비하고 채소 위주의 메뉴를 곁들이도록 합니다.

양송이소스
함박스테이크

아이들에게 인기 좋은 함박스테이크만 한 밥도둑이 따로 없습니다. 생일이나 입학, 졸업 등 아이의 특별한 날 만들어주면 아이가 아주 행복해하면서 잘 먹습니다. 고기에 밑간을 잘하는 것이 중요한데, 밑간이 충분히 들어야 맛이 풍부한 스테이크를 만들 수 있습니다.

재료

간 쇠고기 · 간 돼지고기 80g씩, 양파 1/6개(30g), 당근 약간(5g), 달걀물 2큰술,
빵가루 5~6큰술, 소금 1작은술, 후추 · 포도씨기름 약간씩

- 양송이버섯 소스 재료
  양송이버섯(대) 2개, 토마토케첩 · 만능양념간장 1큰술씩, 물 1/2컵

만드는 법

1. 믹서에 양파와 당근을 넣어
   간다.

2. ①의 믹서에 간 쇠고기와 간 돼지
   고기, 달걀물, 빵가루, 소금, 후추
   를 넣고 간다.

3. 고기 반죽을 둥글넓적하게 빚는
   다.

4. 팬에 기름을 두르고 ③의 반죽을
   앞뒤로 노릇하게 지진다.

5. 냄비에 기름을 두르고 슬라이스
   한 양송이버섯을 볶다가 토마토
   케첩, 만능양념간장, 물을 넣고 걸
   쭉하게 졸여서 소스를 만들어 곁
   들인다.

TIP
양송이버섯 소스 대신
돈가스 소스, 스테이크 소스,
수제 케첩 등을
사용해도 좋다.

김치 미트볼찜

스파게티에 넣어 먹는 미트볼을 김치찜에 넣어볼까요? 매콤하면서 새콤달콤한 맛으로 김치를 안 먹는 아이들도 아주 좋아합니다. 아이가 김치를 안 먹는다고 속앓이를 하기보다 김치를 먹을 수 있는 좀 더 창의적인 음식을 생각해보세요. 양파를 레시피보다 조금 더 넣어도 달짝지근한 맛이 살아나 더욱 맛있습니다.

재료

배추김치 1장, 양파 1/6개(40g), 토마토 1/2개, 포도씨기름 약간

- **미트볼 재료**
  양파 1/6개(40g), 간 쇠고기 120g, 우유 · 빵가루 1큰술씩, 소금 1/2작은술, 후추 약간
- **소스 재료**
  물 1컵, 청주 · 만능양념간장 1큰술씩, 다진 마늘 1작은술, 고추장(순한 맛) 1/2큰술

 만드는 법

1. 배추김치, 양파, 토마토는 잘게 썬다.

2. 믹서에 미트볼 재료 중 먼저 양파를 넣고 간 다음 나머지 재료를 넣고 갈아 동그랗게 미트볼을 빚는다.

3. 볼에 분량의 소스 재료를 넣고 섞어 소스를 만든다.

4. 팬에 기름을 두르고 배추김치, 양파, 토마토를 넣고 볶다가 소스를 넣는다.

5. ④에 미트볼을 넣고 중간 불에서 5분간 끓인다.

TIP
김치미트볼찜에
파스타 면을 곁들여
간식으로 즐겨도 좋다.

쇠고기 샤브샤브와 채소살사

샤브샤브에 채소 살사를 곁들이면 어떤 맛일까요? 시원하고 상큼하게 어우러지는 맛으로 아이들이 땀을 많이 흘리는 여름철에도 좋습니다. 오이와 사과는 많다 싶게 충분히 넣고, 쇠고기는 끓는 물에 살짝 데치면 담백하고 달콤하게 즐길 수 있습니다.

재료

쇠고기(샤브샤브용) 70g, 오이 약간(20g), 사과(껍질째) 1/8개(30g),
방울토마토 1개, 통조림 옥수수 2큰술

• **소스 재료**

만능양념간장 · 식초 1작은술씩, 참기름 · 통깨 약간씩

 만드는 법

1. 쇠고기는 끓는 물에 데친다.

2. 오이와 사과는 깍둑썰기하고 방울토마토는 1/4등분한다.

3. 볼에 분량의 재료를 섞어 소스를 만든다.

4. 접시에 데친 쇠고기를 담고 ②와 옥수수를 올리고 소스를 끼얹는다.

TIP

통조림 옥수수는
끓는 물에 데쳐서
사용하는 것이 좋다.

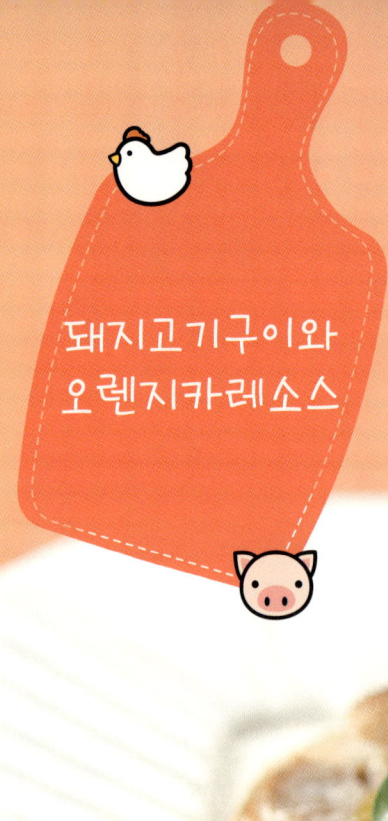

돼지고기구이와 오렌지카레소스

돼지고기구이에 새콤달콤한 오렌지 카레 소스를 곁들이는 일품요리입니다. 요즘은 아이가 살이 찔까 봐 걱정해 고기 요리를 자주 하지 않는 엄마도 많지요. 그렇다면 돼지고기와 함께 방울토마토나 베이비 채소를 많이 넣어주세요. 채소로 포만감을 주면 돼지고기를 과도하게 먹어서 생기는 아이의 비만 걱정을 덜 수 있습니다.

재료

돼지고기(목살) 80g, 방울토마토 2개, 베이비 채소 1/2줌, 소금 · 후추 · 포도씨기름 약간씩

- 오렌지카레소스 재료

  카레가루 2작은술, 오렌지 주스 1/2컵, 건포도 1큰술

 만드는 법

1. 돼지고기는 소금과 후추로 간해서 팬에 기름을 두르고 지진다.

2. 냄비에 카레가루와 오렌지 주스를 넣고 잘 섞은 후 건포도를 넣고 걸쭉하게 졸여 오렌지카레소스를 만든다.

3. 구운 돼지고기를 썰어서 접시에 담은 후 소스를 끼얹고 방울토마토와 베이비 채소를 함께 담는다.

TIP ONE

건포도 대신 잘게 썬 사과나 건과일을 넣어도 좋다.

TIP TWO

돼지고기구이에 사과를 익혀 갈아 만든 사과 퓌레(애플소스)를 곁들여도 좋다.

돼지고기 가지 카레볶음

몸에 좋은 가지를 아이에게 먹이는 일은 쉽지 않죠. 가지를 맛있게 먹일 수 있는 요리를 한 가지 소개합니다. 가지와 궁합이 잘 맞는 돼지고기와 카레를 넣어 기름에 자작하게 볶는 반찬입니다. 따뜻한 밥 위에 올려 덮밥으로 먹어도 좋습니다.

재료

간 돼지고기 50g, 가지 1개, 빨강 파프리카 1/8개(20g), 물 1컵, 포도씨기름 약간

• 고기 양념 재료

카레가루 2큰술, 만능양념간장 1큰술, 된장 2작은술, 다진 마늘 1작은술

 만드는 법

1. 돼지고기는 분량의 재료로 양념한다.

2. 가지는 0.5cm 두께로 둥글납작하게 썰고 파프리카는 잘게 썬다.

3. 냄비에 기름을 두르고 양념한 돼지고기를 볶다가 가지를 넣고 물을 부어 끓인다.

4. 다 익으면 파프리카를 넣고 버무린다.

TIP

가지를 잘게 썰어 밥과 함께 볶아서 돼지고기 가지카레볶음밥으로 즐겨도 좋다.

돼지고기 양배추카레볶음

돼지고기가 들어간 음식을 먹을 때 냄새 때문에 고기만 골라내는 예민한 아이들이 있습니다. 그럴 때는 고기를 좀 더 작게 썰고 카레가루를 조금 넣어보세요. 카레가루가 고기의 냄새를 잡아줘 거부감 없이 잘 먹을 수 있습니다.

재료

돼지고기(목살) 140g, 양파 1/4개, 양배추 1장, 빨강 파프리카 1/6개(30g),
포도씨기름 약간

- 고기 양념 재료
  청주 · 만능양념간장 1작은술씩, 다진 마늘 1/2작은술, 후추 약간
- 카레 소스 재료
  카레가루 1/2큰술, 만능양념간장 2작은술, 참기름 1작은술, 후추 약간

 만드는 법

1. 돼지고기는 먹기 좋은 크기로 썰어 고기 양념 재료로 밑간한다.

2. 양파, 양배추, 파프리카는 1cm 폭으로 채 썬다.

3. 볼에 분량의 재료를 섞어 카레 소스를 만든다.

4. 팬에 기름을 두르고 밑간한 돼지고기를 넣어 볶다가 ②의 채소를 넣고 볶는다. 어느 정도 익으면 카레 소스를 넣어 2~3분간 더 볶는다.

TIP
고기 양념 시 청주 대신
생강즙이나 양파즙을
사용해도 좋다.

돼지고기 안심치즈구이

아이가 밥을 제대로 먹지 않을 때 입맛 살리기에 좋은 반찬입니다. 돼지고기와 치즈가 만난 단백질 강화 요리로, 샐러드 등 비타민과 무기질이 풍부한 녹황색 채소와 함께 내면 좋습니다. 특히 수제 케첩을 곁들이면 아이들이 더 좋아합니다.

재료

돼지고기(안심) 90g, 미니 아스파라거스 2대, 칼슘 강화 치즈 2장,
소금 · 포도씨기름 약간씩

- **고기 양념 재료**
  청주 2작은술, 소금 1/2작은술, 후추 약간

 만드는 법

1. 돼지고기는 한입 크기로 썰어 고기 양념 재료로 밑간한다.

2. 아스파라거스는 어슷하게 썰고 치즈는 1/4등분한다.

3. 팬에 기름을 두르고 밑간한 돼지고기를 볶다가 어느 정도 익으면 아스파라거스와 소금을 넣고 볶다가 치즈를 넣어 치즈가 녹을 때까지 익힌다.

TIP ONE

돼지고기안심치즈구이에
수제 케첩이나 두부 허니
머스터드 소스(만드는 법: P63)
를 곁들여도 좋다.

TIP TWO

슬라이스 치즈 대신
피자 치즈를
사용해도 된다.

돼지고기 콩볶음

강낭콩에는 필수아미노산인 라이신, 로이신, 트립토판, 트레오닌 등이 풍부해서 성장기 어린이에게 정말 좋지만 많은 아이들이 콩을 잘 먹지 않지요. 아이들이 좋아하는 고기를 볶을 때 다양한 식감의 재료를 넣으면 아이가 맛있게 먹을 거예요.

재료

돼지고기(불고깃감) 60g, 양파 1/6개(40g), 감자(소) 1개, 강낭콩 3큰술,
실파 1뿌리, 통깨 · 참기름 · 포도씨기름 약간씩

• 고기 양념 재료
  만능양념간장 · 청주 1작은술씩, 다진 마늘 1/2작은술, 맵지 않은 고춧가루 1/3작은술,
  후추 약간

만드는 법

1. 돼지고기는 먹기 좋게 썰어 고기 양념 재료로 밑간한다.

2. 양파와 감자는 깍둑썰기하고 강 낭콩은 삶아놓는다. 실파는 송송 썬다.

3. 팬에 기름을 두르고 양파, 감자, 강낭콩을 넣고 볶는다.

4. ③의 한쪽에 돼지고기를 넣어 볶 다가 익으면 실파를 얹고 통깨와 참기름을 뿌린다.

TIP

계절에 따라 완두콩,
덩굴콩, 파란콩 등으로
대체할 수 있다.

수제햄
채소볶음

아이들이 있는 집의 필수 식재료 중 하나가 소시지이지만, 몸에 안 좋다는 논란이 일면서 한동안 시끄러웠습니다. 수제 햄으로 만든 음식으로 이런 걱정을 덜어보세요. 수제 햄과 파인애플, 옥수수까지 알콩달콩 건강 재료들이 어우러진 아이들이 좋아하는 채소볶음입니다.

재료

수제 햄 40g, 프레시 파인애플 1/2링, 애호박 약간(20g), 방울토마토 2개, 옥수수 3큰술,
소금 · 후추 · 포도씨기름 약간씩

 만드는 법

1. 수제 햄과 파인애플은 먹기 좋게
썰고 애호박과 방울토마토는 1/4
등분으로 썬다.

2. 팬에 기름을 두르고 애호박을 넣
고 볶다가 소금으로 간한다.

3. 팬에 수제 햄, 방울토마토, 파인
애플, 옥수수 순으로 볶은 다음
후추를 뿌린다.

TIP ONE

집에 흔히 있는
다양한 채소를
넣어도 좋다.

TIP TWO

수제 토마토소스나
토마토케첩을 넣고 볶아도
좋다. 수제 햄은
시중에서 구입 가능하다.

돼지고기
무화과조림

최근 들어 건강 과일로 주목받고 있는 무화과가 주인공인 요리입니다. 무화과에는 펙틴 성분이 많아 변비 증세가 있는 아이에게 특별히 좋고 소화도 잘됩니다. 알칼리성 과일로 산성인 우리 몸을 중성화하는 데도 효과가 있는 과일입니다.

재료

무화과 1과1/2개(90g), 돼지고기(목살) 120g, 우리통밀가루 1큰술,
포도씨기름 · 소금 · 후추 약간씩

- **고기 양념 재료**

  청주 1작은술, 소금 · 후추 약간씩
- **소스 재료**

  매실청 1큰술, 발사믹식초 · 조청 2작은술씩

만드는 법

1. 무화과는 먹기 좋은 크기로 자르고 돼지고기는 손가락 굵기로 썬다.

2. 돼지고기는 고기 양념 재료로 밑 간한 후 우리통밀가루를 묻힌다.

3. 분량의 재료를 섞어 소스를 만 든다.

4. 팬에 기름을 두르고 돼지고기를 볶다가 익으면 소스를 넣고 윤기 나게 조린다.

5. ④에 무화과를 넣고 소금과 후추 로 간한다.

쇠고기 채소구이

아이는 배가 고프다 노래를 부르는데 마땅하게 먹일 건 없을 때가 있죠? 이럴 때 냉장고에 있는 양파, 감자, 파프리카와 쇠고기로 후다닥 만들 수 있는 채소구이입니다. 급하게 만들어도 영양은 만점. 쇠고기가 타지 않게 불 조절을 잘하는 것이 중요합니다.

쇠고기(등심) 120g, 양파 1/6개(30g), 초록 파프리카 1/6개(30g), 감자 1/4개,
방울토마토 3개, 소금 · 후추 · 올리브기름 · 포도씨기름 약간씩

 만드는 법

1. 쇠고기는 한입 크기로 깍둑썰기
   한다.

2. 양파와 파프리카는 네모나고 납
   작하게 썰고 감자는 납작하게 썬
   다. 방울토마토는 꼭지를 뗀다.

3. 볼에 쇠고기와 ②의 재료를 넣고
   소금, 후추, 올리브기름으로 밑간
   한다.

4. 팬에 포도씨기름을 두르고 준비
   한 재료를 모두 넣고 노릇하게 굽
   는다.

TIP

파프리카 대신
데친 브로콜리를
넣어도 좋다.

삼겹살구이
양배추샐러드

삼겹살로 만든 샐러드는 요리 이름만 봐도 한번쯤 먹어보고 싶다는 호기심이 생깁니다. 샐러드에 양배추와 완두콩을 넉넉히 넣으면 포만감을 줄 수 있어요. 아이들도 좋아하는 삼겹살을 가지고 맛과 건강을 동시에 챙길 수 있는 메뉴입니다.

재료

돼지고기(삼겹살) 30g, 양배추 1/6개(120g), 완두콩 1큰술, 아몬드 슬라이스 1큰술

- 두부 허니 머스터드 소스 재료

  두부 페이스트 2큰술, 양겨자 2작은술, 레몬즙 1/2큰술, 꿀 1큰술,

  소금 · 후추 약간씩

 만드는 법

1. 삼겹살은 3cm 폭으로 썰어 팬에 굽는다.

2. 양배추는 한입 크기로 썰어서 전자레인지에 2분간 익힌다.

3. 완두콩은 끓는 물에 살짝 데친다.

4. 분량의 재료를 섞어 두부 허니 머스터드 소스를 만든다.

5. 그라탱 용기에 삼겹살, 양배추, 완두콩, 아몬드 슬라이스를 담고 소스를 뿌린 후 180℃로 예열한 오븐에 6~7분간 굽는다.

돼지고기
사과구이

돼지고기에 영양 균형이 잘 맞는 사과구이를 곁들여 상큼하면서도 새콤달콤한 맛을 더하면 아이가 정말 좋아하겠지요? 사과가 없다면 파인애플 등을 이용하고 버섯은 냉장고에 있는 버섯이면 어떤 것을 넣어도 좋습니다.

재료

돼지고기(목살) 140g, 양파 1/6개(30g), 사과 1/6개(40g), 백만송이버섯 1줌,
우리통밀가루 1큰술, 소금 · 후추 · 포도씨기름 약간씩

- **고기 양념 재료**
  청주 1작은술, 계핏가루 1/3작은술, 소금 · 후추 약간씩

만드는 법

1. 돼지고기는 고기 양념 재료로 밑 간한 후 우리통밀가루를 묻힌다.

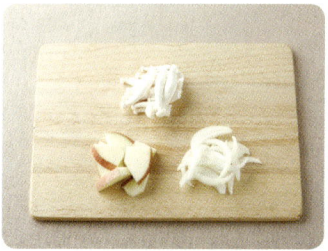

2. 양파는 채 썰고 사과는 납작하게 썬다. 백만송이버섯은 먹기 좋게 손으로 찢는다.

3. 팬에 기름을 두르고 사과와 양파를 볶다가 소금과 후추로 간하고 버섯을 넣어 볶는다.

4. 팬에 기름을 넉넉하게 두르고 돼지고기를 노릇하게 지진다.

5. 접시에 ③을 담고 돼지고기를 먹기 좋은 크기로 썰어 곁들인다.

오렌지소스
과일탕수육

아이들이 좋아하는 대표적인 메뉴인 탕수육입니다. 과일은 집에 있는 것으로 얼마든지 대체 가능하며, 아이가 먹는 반찬이니 튀김기름은 너무 많이 쓰지 마세요. 팬에 굽듯이 튀기는 것이 좋습니다.

재료

돼지고기(등심) 120g, 사과 1/8개(30g), 키위 1/4개, 단감 1/8개(25g),
방울토마토 1개, 포도씨기름 약간

- 고기 양념 재료: 소금 · 후추 · 청주 1작은술씩, 녹말가루 2큰술
- 소스 재료: 오렌지 주스 1컵, 식초 1큰술, 조청 2큰술, 소금 약간
- 물녹말 재료: 물 · 녹말가루 1작은술씩

 만드는 법

1. 돼지고기는 한입 크기로 썰어 고
   기 양념 재료로 밑간한 후 녹말가
   루를 묻힌다.

2. 과일은 먹기 좋게 썬다.

3. 팬에 기름을 넉넉하게 두르고 돼
   지고기를 노릇하게 튀긴다.

4. 분량의 재료를 섞어 소스를 만들
   고 물녹말 재료를 섞어 물녹말을
   만든다.

5. 냄비에 소스를 넣고 끓으면 과일
   과 물녹말을 넣어 살짝 더 끓인
   다. 그릇에 튀긴 돼지고기를 담고
   의 ④소스를 끼얹는다.

닭가슴살
파스타샐러드

샐러드에 닭가슴살과 파스타를 넣으면 영양과 함께 포만감을 느낄 수 있어 든든한 한 끼 식사로 충분합니다. 알록달록 음식의 색깔도 예뻐서 아이들의 눈과 입을 즐겁게 하는 메뉴입니다. 아이의 생일날 간단한 파티 음식으로 준비해도 좋습니다.

재료

미니 파스타(삼색) 2줌, 닭가슴살 1/2조각, 노랑 파프리카 1/6개(30g),
데친 브로콜리 6송이(20g), 사과 1/6개(40g), 방울토마토 3개, 소금 1/2작은술,
포도씨기름 · 후추 약간씩

• 두부 허니 머스터드 소스 재료
두부 페이스트 4큰술, 꿀 · 양겨자 · 레몬즙 1작은술씩, 소금 1/3작은술

 만드는 법

1. 파스타는 끓는 물에 소금을 넣고
6~7분간 삶아서 건진다.

2. 닭가슴살은 소금과 후추로 밑간
한 후 팬에 기름을 두르고 5~6
분간 굽는다.

3. 파프리카와 브로콜리는 먹기 좋
은 크기로 썰고 사과는 납작하게,
방울토마토는 반으로 썬다.

4. 구운 닭가슴살을 먹기 좋게 썬다.

5. 볼에 분량의 재료를 섞어 두부
허니 머스터드 소스를 만든다.

6. 볼에 준비한 재료를 모두 넣고 소
스를 넣어 버무린다.

닭고기
검은깨튀김

닭가슴살은 특유의 퍽퍽한 식감 때문에 아이 음식을 만들 때 주의가
필요합니다. 일단 너무 오래 삶지 마세요. 그리고 닭가슴살에 검은깨
를 묻혀 구우면 고소한 맛이 퍽퍽함을 보완해줍니다. 닭고기에 곁들이
는 단호박도 특별한 맛을 선사합니다.

재료

닭가슴살 1조각, 녹말가루 1/2큰술, 검은깨 1작은술, 단호박(30g) · 후추 · 포도씨기름 약간씩

• 고기 양념 재료

달걀물 1과1/2큰술, 만능양념간장 · 청주 1작은술씩, 후추 약간

만드는 법

1. 닭가슴살은 먹기 좋게 썰어 고기 양념 재료로 밑간한 후 15분간 재운다.

2. 닭가슴살에 녹말가루와 검은깨를 넣고 잘 섞는다.

3. 팬에 기름을 넉넉히 두르고 단호박을 납작하게 썰어 노릇하게 굽는다.

TIP

단호박 대신 고구마를
껍질째 구워
곁들여도 좋다.

4. 팬에 닭가슴살을 구운 후 단호박과 함께 낸다.

치킨가스 덮밥

일식풍의 음식은 특유의 달달함 때문에 아이들이 좋아합니다. 한두 가지 정도 자신 있는 일식 요리를 마스터해서 가끔 해주면 아이가 잘 먹습니다. 닭고기를 짜지 않게 양념하고 채소를 충분히 넣으면 맛과 건강을 모두 보장하는 음식이 완성됩니다.

닭가슴살 1조각, 양파 1/6개(30g), 당근 약간(20g), 청경채 1~2줄기(10g),
애느타리버섯 1/2줌, 달걀 1개, 소금 · 후추 · 포도씨기름 약간씩

- 튀김옷 재료
  우리통밀가루 1큰술, 달걀물 1/2개, 빵가루 1컵
- 조림장 재료
  다시마 육수 2/3컵, 만능양념간장 2큰술

만드는 법

1. 닭가슴살은 포를 뜬 후 소금과 후추로 밑간하고 우리통밀가루, 달걀물, 빵가루 순으로 묻힌다.

2. 양파, 당근, 청경채는 채 썰고 애느타리버섯은 손으로 찢는다.

3. 팬에 기름을 넉넉하게 두르고 튀김옷을 입힌 닭고기를 지진다.

4. 냄비에 조림장 재료를 넣고 끓으면 채소, 버섯, 달걀 푼 물을 넣고 살짝 끓인다.

5. ④에 닭고기를 먹기 좋게 썰어 올린다.

닭가슴살구이와 매실소스

닭가슴살과 각종 채소, 과일을 함께 먹을 수 있는 간편 영양식입니다. 키위나 복숭아 등을 넣어서 만들어도 맛있고 매실 소스의 새콤달콤한 맛은 아이들의 입맛을 사로잡아요. 매실 소스에 들어가는 매실청은 아이가 여름철 식중독이나 배탈 증상을 보일 때 한 스푼씩 물에 타 먹여도 좋습니다.

재료

닭가슴살 1조각, 방울토마토 3개, 프레시 파인애플 1/2링,
소금 · 후추 · 포도씨기름 약간씩

- **매실 소스 재료**
  매실청 2큰술,　식초 1/2큰술, 올리브기름 1작은술, 소금 · 후추 약간씩

 만드는 법

1. 닭가슴살은 길이로 반 잘라 포를
   뜬 후 소금과 후추로 밑간한다.

2. 방울토마토는 4등분하고 파인애
   플은 잘게 깍둑썰기한다.

3. 팬에 기름을 두르고 밑간한 닭가
   슴살을 노릇하게 굽는다.

4. 볼에 분량의 재료를 섞어 매실 소
   스를 만든다.

5. 접시에 닭가슴살을 담고 방울토
   마토와 파인애플을 얹은 후 매실
   소스를 뿌린다.

닭고기
배추볶음

닭고기로 만든 새로운 요리로 아이를 식탁으로 유인해보는 건 어떨까요? 배추볶음에 닭고기를 넣어 영양까지 고려한 음식입니다. 닭안심 등을 사용해도 좋습니다. 음식을 하고 남은 알배추는 배추된장국을 끓이면 온 가족이 맛있게 먹을 수 있습니다.

재료

닭다리살 1과1/2조각, 양파 1/4개, 알배추 1/4포기, 만능양념간장 1큰술,
참기름 · 검은깨 · 포도씨기름 약간씩

- **닭고기 양념 재료**

  청주 · 녹말가루 1/2큰술씩, 만능양념간장 1/2작은술, 후추 약간

 만드는 법

1. 닭다리살은 1cm 폭으로 썰어 닭고기 양념 재료로 밑간한다.

2. 양파와 알배추는 굵게 채 썬다.

3. 팬에 기름을 두르고 밑간한 닭고기를 넣어 볶다가 양파, 알배추, 만능양념간장을 넣어 살짝 볶고 참기름과 검은깨를 뿌린다.

TIP ONE

알배추 대신
양배추, 청경채,
브로콜리 등을
사용해도 좋다.

TIP TWO

닭고기배추볶음에
육수를 넣고 자작하게
만들어 밥 위에 얹어
덮밥으로 즐겨도 좋다.

닭고기구이와 스위트앤드 사워소스

쇠고기, 돼지고기, 닭고기와 생선을 번갈아 식탁에 올려서 성장기 아이에게 단백질을 공급해주는 것이 좋습니다. 저지방의 닭고기로 만든 구이 요리에 달콤한 소스를 곁들여보세요. 흔한 닭볶음탕 대신 이색적인 맛의 닭고기 요리를 만들어주면 아이가 엄지 척! 할 거예요.

재료

닭다리살 1과1/2조각, 양파 1/6개(30g), 당근 약간(10g), 실파 1뿌리(5g), 포도씨기름 약간

- 고기 양념
  만능양념간장 · 청주 1/2큰술씩, 후추 약간
- 스위트 앤드 사워소스 재료
  물 1/2컵, 만능양념간장 1큰술, 식초 1/2큰술, 녹말가루 1/2작은술

 만드는 법

1. 포를 뜬 닭다리살은 껍질 부위에 칼집을 넣고 고기 양념 재료로 밑간한다.

2. 양파와 당근은 채 썰고 실파는 송송 썬다.

3. 볼에 분량의 재료를 섞어 스위트 앤드 사워소스를 만든다.

4. 팬에 기름을 두르고 밑간한 닭고기를 노릇하게 구워 먹기 좋게 썬다.

5. 팬에 ③의 소스를 넣고 끓으면 양파, 당근, 실파를 넣고 살짝 끓인 후 구운 닭고기에 끼얹어 낸다.

닭고기
스테이크

스테이크를 값비싼 쇠고기로만 만드는 것은 아닙니다. 닭고기로 스테이크를 만들어 색다르게 먹을 수 있는 음식입니다. 부드러운 식감으로 소화도 잘되고 영양가도 높아 아이 반찬으로 좋습니다. 연근 외에 건강에 좋은 각종 뿌리채소를 갈아 넣어도 좋습니다.

재료

닭가슴살 1조각, 연근 1/5개(50g), 달걀물 2큰술, 빵가루 3큰술, 간장 1작은술,
후추 · 포도씨기름 약간씩

- **소스 재료**
  만능양념간장 · 청주 1큰술씩, 물 1/4컵

 만드는 법

1. 닭가슴살과 연근은 껍질을 벗겨 큼직하게 썬다.

2. 믹서에 포도씨기름을 제외한 모든 재료를 넣고 갈아 동글납작하게 빚는다.

3. 볼에 분량의 재료를 섞어 소스를 만든다.

TIP

닭고기스테이크에 소스
대신 수제 토마토케첩 또는
두부 허니 머스터드
소스를 곁들여도 좋다.

4. 팬에 기름을 두르고 ②를 구운 후 ③의 소스를 넣어 국물 없이 윤기가 나게 조린다.

닭다리
채소구이

차림을 지키면 가장 먼저 닭다리를 잡는 아이들이 있습니다. 고기 맛을 제대로 안다고 할 수 있겠네요. 여기에 알감자와 옥수수까지 준비하면 아이들은 게 눈 감추듯 먹어치우고는 "조금 더!"를 외칠 겁니다.

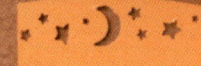

재료

닭다리 3개, 방울토마토 4개, 알감자 4개, 옥수수 1/2개

- **고기 양념 재료**

  소금 · 후추 · 허브 · 올리브기름 약간씩

 만드는 법

1. 닭다리는 양쪽으로 칼집을 넣고 고기 양념 재료로 밑간한다.

2. 방울토마토는 꼭지를 떼지 않고 알감자는 반으로 썰고 옥수수는 먹기 좋은 크기로 자른다.

3. 옥수수는 전자레인지에 8분간 익힌다.

4. 오븐 팬에 모든 재료를 올리고 감자, 방울토마토, 옥수수에 남은 고기 양념 재료를 살짝 뿌려 180℃로 예열한 오븐에서 30분간 굽는다.

TIP

닭다리 대신 닭봉을 이용해도 좋다. 두부 허니 머스터드 소스 또는 수제 토마토케첩을 곁들여도 좋다.

제 2 장
비타민과
미네랄의 보고

- 채소, 고구마, 감자 -

식물성 식품인 채소와 과일에는

비타민, 무기질과 같은 영양소뿐만 아니라

각종 질병을 예방해주는 생리활성물질이 풍부합니다.

성장기 아이에게 필요한 강한 면역력의 기초는 채소의 꾸준한 섭취입니다.

아이 식탁에 반드시 채소 위주의 반찬을 올리는 것은 물론이고

하루 한두 가지 이상의 과일을 1~2회 이상 먹여주세요.

미트소스 품은 토마토

토마토를 그릇 삼아 미트 소스와 익힌 토마토를 함께 즐기는 영양식입니다. 아이들은 특히 토마토 그릇을 재미있어 하며 잘 먹습니다. 이미 알려진 것처럼 토마토는 익혀 먹는 것이 영양소의 흡수가 잘됩니다. 아이와 함께 만들어보기에도 좋은 요리입니다.

재료

토마토(완숙) 3개, 피자 치즈 3큰술, 포도씨기름 약간

- 미트 소스 재료

  다진 쇠고기 80g, 양파 1/4개, 파낸 토마토 과육 3개분, 토마토케첩 3큰술,

  다진 마늘 1작은술, 소금 1/3작은술, 후추 약간

만드는 법

1. 토마토는 꼭지를 떼고 열십자로 칼집을 넣어 과육을 파낸다.

2. 미트 소스에 넣을 양파는 잘게 썰고 토마토 과육도 썬다.

3. 팬에 기름을 두르고 미트 소스 재료를 넣고 10분간 익힌다.

4. ①의 토마토에 미트 소스를 채워 넣는다.

5. ④의 토마토에 피자 치즈를 얹고 180℃로 예열한 오븐에서 치즈가 녹을 때까지 약 7~8분간 굽는다.

TIP

미트 소스는 파스타 소스 또는 샌드위치 소스로 사용해도 좋다.

감자 피망채 볶음

어려서부터 고기를 먹을 때 반드시 채소와 함께 먹는 습관을 들이는 게 중요합니다. 채소는 고기에 부족한 비타민을 보충하고 우리 몸의 신진대사에도 관여하므로 밥상에 자주 올리는 것이 좋습니다. 아이가 싫어하는 채소를 어떻게 먹일 수 있을지 힌트를 얻어보세요.

재료

쇠고기(불고깃감) 90g, 감자(소) 1개, 초록 파프리카 1/4개, 검은깨 1작은술,
포도씨기름 · 참기름 · 소금 약간씩

• **고기 양념 재료**
만능양념간장 · 다진 마늘 1/2작은술씩, 청주 · 녹말가루 1작은술씩, 후추 약간

 만드는 법

1. 쇠고기는 먹기 좋게 썰어 고기 양
념 재료로 밑간한다.

2. 감자는 채 썰어 물에 헹구고 파프
리카는 채 썬다.

3. 팬에 기름을 두르고 감자를 넣어
볶다가 파프리카를 넣고 소금으
로 간한다.

4. ③에 양념한 쇠고기를 넣고 볶다
가 참기름과 검은깨를 뿌린다.

TIP
주재료로 감자 대신
고구마를
사용해도 좋다.

쇠고기 알감자 구이

고소하고 포실포실한 알감자구이에 쇠고기를 조금 넣어 맛을 더했습니다. 아무래도 고기가 들어가면 아이가 더 좋아하지요. 알감자는 보통 껍질째 요리하는 것이 영양가가 높습니다. 감자를 씻을 때 주방솔로 살살 문지르면 흙을 말끔하게 제거할 수 있으니 안심하세요.

재료

쇠고기(불고깃감) 60g, 양파 1/4개, 알감자 4개, 만능양념간장 1작은술, 통깨 1/2작은술, 참기름 · 포도씨기름 약간씩

- **고기 양념 재료**

  청주 1/2큰술, 만능양념간장 1작은술, 다진 마늘 1/2작은술, 후추 약간

만드는 법

1. 쇠고기는 먹기 좋게 썰어 고기 양념 재료로 밑간한다.

2. 양파는 채 썰고 알감자는 껍질째 0.5cm 두께로 썬다.

3. 팬에 기름을 두르고 감자를 볶다가 양파를 넣고 만능양념간장으로 간을 맞춰 살짝 더 볶는다.

4. ③에 밑간한 쇠고기를 넣고 볶다가 고기가 익으면 통깨와 참기름을 뿌린다.

TIP

알감자가 없을 경우 감자를 사용해도 된다. 양파는 감자가 익은 후에 넣어 볶는다.

쇠고기 가지 지짐

과일과 채소의 색소에는 파이토케미컬이라 불리는 영양소가 들어있습니다. 가지의 보랏빛에는 안토시아닌, 알칼로이드, 레스베라트롤 등 항암 작용을 하는 성분이 매우 풍부하게 들어있습니다. 고기에 곁들이면 영양적으로 균형을 이루는 고마운 음식입니다.

재료

간 쇠고기 30g, 가지 1/2개, 포도씨기름 약간

- 고기 양념 재료

  만능양념간장 · 청주 1작은술씩, 다진 마늘 1/2작은술, 후추 약간
- 양념장 재료

  초록 · 빨강 파프리카 1/8개씩(20g), 만능양념간장 · 물 1/2큰술씩,
  통깨 1/2작은술, 참기름 약간

 만드는 법

1. 간 쇠고기는 고기 양념 재료로 밑
   간해서 3~4분간 볶는다.

2. 가지는 길이 4cm로 토막 낸 후 길
   게 썰고 파프리카는 잘게 썬다.

3. 볼에 ②의 파프리카와 분량의 재
   료를 섞어 양념장을 만든다.

4. 팬에 기름을 두르고 ②의 가지를
   앞뒤로 부드럽게 지진다.

5. 접시에 가지를 담고 볶은 쇠고기
   를 얹은 후 ③의 양념장을 끼얹
   는다.

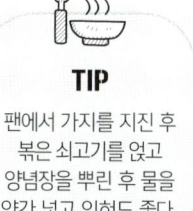

TIP

팬에서 가지를 지진 후
볶은 쇠고기를 얹고
양념장을 뿌린 후 물을
약간 넣고 익혀도 좋다.

브로콜리 고기말이 튀김

튀김은 아이들이 좋아하는 음식 중 하나입니다. 브로콜리튀김으로 아이의 입맛과 영양 두 마리 토끼를 잡아보세요. 담는 방법에 따라 색다른 음식으로 즐길 수도 있습니다. 꼬치에 과일이나 채소를 꿰어 꼬치 요리로 즐겨보세요.

재료

돼지고기(샤브샤브용 안심) 60g, 브로콜리 10송이(70g), 튀김기름 적당량

- 고기 양념 재료

  청주 2작은술, 소금 1/3작은술, 후추 약간

- 튀김옷 재료

  우리통밀가루 1/2큰술, 달걀물 2큰술, 빵가루 1컵

만드는 법

1. 돼지고기는 고기 양념 재료로 밑 간한다.

2. 브로콜리는 끓는 물에 데쳐 찬물 에 헹군 후 물기를 제거한다.

3. 밑간한 돼지고기에 브로콜리를 올 리고 롤 형태로 만다.

4. ③을 우리통밀가루, 달걀물, 빵가 루 순으로 튀김옷을 입힌다.

5. ④를 170℃의 튀김기름에 노릇하 게 튀긴다.

TIP

돼지고기 안심은 샤브샤브용으로 얇게 준비한다.

우엉채
조림
덮밥

뿌리채소가 건강에 좋다는 것은 누구나 알고 있기에 뿌리채소를 많이 먹이고 싶은 게 엄마 마음입니다. 우엉을 쇠고기와 같이 조려 밥과 함께 먹는 간편한 덮밥은 아이들이 참 좋아합니다. 다른 반찬을 차리지 않아도 되기 때문에 엄마들에게도 환영 받는 메뉴입니다.

재료

밥 1공기, 쇠고기(불고깃감) 120g, 양파 1/4개, 우엉 1/4대, 실파 1/2뿌리,
다시마물 1/2컵, 달걀 1개, 포도씨기름 약간

- **고기 양념 재료**
  일본된장 · 만능양념간장 1작은술씩, 매실청 2작은술, 다진 마늘 1/2작은술,
  참기름 약간

 만드는 법

1. 쇠고기는 먹기 좋은 크기로 썰어
   고기 양념 재료로 밑간한다.

2. 양파는 채 썰고 우엉은 어슷 썰고
   실파는 송송 썬다.

3. 팬에 기름을 두르고 우엉과 양파
   를 볶는다.

4. ③에 쇠고기를 넣고 볶다가 다시
   마물을 넣고 끓인다.

5. ④에 달걀을 풀어 넣고 끓여 국
   물이 자작해지면 실파를 뿌려 밥
   에 올린다.

감자 토마토 케첩구이

감자에 토마토소스를 올리면 퍽퍽하지 않고 촉촉한 맛이 일품입니다. 여기에 피자 치즈까지 어우러져 아이들 입맛에 딱입니다. 이 요리로 아이가 감자의 새로운 맛을 경험할 수 있게 해주세요. 뜨거울 때 호호 불면서 먹어야 제맛이니, 절대 미리 만들어놓지 마세요.

재료

감자 2개, 수제 토마토케첩 4큰술, 옥수수 · 피자 치즈 · 잔멸치 2큰술씩

만드는 법

1. 감자는 길이로 반 잘라 전자레인지에 3분간 익힌다.

2. 감자의 껍질을 남겨두고 숟가락으로 속을 파낸 후 다시 파낸 감자를 채워 넣는다.

3. ②에 수제 토마토케첩과 옥수수를 올린 후 피자 치즈를 얹는다.

4. 오븐팬에 ③을 놓고 잔멸치를 뿌려 180℃로 예열한 오븐에서 7분간 굽는다.

TIP

피자 치즈 대신 슬라이스 치즈를 사용해도 좋다.

고구마
조림

식탁에 자주 올라오는 감자조림 대신 고구마조림을 준비했습니다. 아이가 뭔가 맛있는 음식을 찾을 때 준비하면 간식 같은 달달한 맛으로 아이를 행복하게 만들 겁니다. 대부분 조림장에 설탕을 넣지만 건강을 위해 조청으로 단맛을 냈습니다.

재료

고구마(중) 1개, 해바라기씨 1/2큰술, 참기름 약간

- **조림장 재료**
  물 1컵, 만능양념간장 1큰술, 쌀조청 2큰술

 만드는 법

1. 고구마는 깨끗이 씻어 껍질째 깍둑썰기한다.

2. 냄비에 물, 만능양념간장, 고구마, 쌀조청을 넣어 끓어오르면 중간 불에서 서서히 5~6분간 졸인다.

3. ②에 해바라기씨와 참기름을 넣고 버무린다.

TIP ONE

해바라기씨 외에
호박씨나 각종 견과류를
넣으면 좋다.

TIP TWO

고구마 대신
감자를 사용해도
된다.

건강 버섯 감자전

explore

감자전을 만들 때면 아이는 아예 젓가락을 들고 첫 판이 구워져 나올 때를 기다리고 있습니다. 그만큼 대부분의 아이들이 감자전을 좋아합니다. 이 전에는 버섯을 넣어 영양의 밸런스를 맞추고 씹는 즐거움도 느낄 수 있습니다. 저작 운동이 필요 없을 정도로 너무 부드러운 음식은 아이들에게 바람직하지 않습니다.

hug

live

dream

Live

재료

감자(중) 1개, 당근 약간(15g), 팽이버섯 1/2줌, 실파 2뿌리, 포도씨기름 약간

• 반죽 재료

우리통밀가루 6큰술, 물 1/4컵, 소금 1/3작은술, 후추 약간

 만드는 법

1. 감자와 당근은 4cm 길이로 가늘게 채 썰고 팽이버섯은 밑동을 제거한 후 길이로 3~4등분한다. 실파도 2cm 길이로 썬다.

2. 채 썬 감자는 물에 담가 전분기를 제거한 후 체에 밭쳐 물기를 뺀다.

3. 볼에 감자, 당근, 팽이버섯, 실파, 반죽 재료를 모두 넣고 고루 섞는다.

4. 팬에 기름을 두르고 ③의 반죽을 떠 넣어 앞뒤로 노릇하게 지진다.

TIP

초간장은 간장 1큰술, 생수 1큰술, 식초 1큰술, 설탕 1/3작은술, 통깨 약간을 넣고 만든다.

방울 양배추 떡볶음탕

방울양배추는 일반 양배추에는 거의 없는 비타민K를 비롯해 비타민A는 일반 양배추의 약 5배, 비타민C는 약 1.5배 많이 함유되어 있고 강력한 항산화제이기도 합니다. 뽀빠이는 시금치 먹고 튼튼해졌지만, 우리 아이한테는 방울양배추를 많이 먹여서 건강하게 키워보세요.

재료

간 돼지고기 50g, 방울양배추 4개, 조랭이떡 10개, 포도씨기름 약간

- **고기 양념 재료**
  만능양념간장 1/2큰술, 다진 마늘 1/2작은술, 후추 약간
- **볶음탕 양념 재료**
  물 3/4컵, 고추장 2큰술, 된장 2작은술

만드는 법

1. 볼에 간 돼지고기를 담고 분량의 고기 양념 재료로 양념한다.

2. 방울양배추는 반으로 자르고 조랭이떡은 물에 담가놓는다.

3. 팬에 기름을 두르고 양념한 돼지고기를 볶다가 분량의 볶음탕 양념과 방울양배추, 조랭이떡을 넣고 볶는다.

TIP ONE

떡이 부드러운 상태이면 볶음탕 양념 재료의 물을 적게 넣고 고추장과 된장의 분량도 조절한다.

TIP TWO

포도씨기름 대신 고추기름을 넣으면 매콤한 맛을 더할 수 있다.

모둠채소 달걀 그라탱

엄마가 집에서 간단한 그라탱을 만들어주면 아이가 얼마나 좋아할까요? 생크림과 치즈가 만났으니 고소함이야 두말이 필요 없는 모둠채소그라탱입니다. 몇 가지 재료만 준비하면 오븐에서 바로 조리할 수 있어 간편하고 채소도 맛있게 먹을 수 있습니다.

재료

모둠 채소(시판용) 1봉(200g), 달걀 1개

- 그라탱 소스 재료

  생크림 1/2컵, 슬라이스 치즈 1장, 소금 1/3작은술, 후추 약간

 만드는 법

1. 모둠 채소를 전자레인지에 넣어 2분간 익힌다.

2. 냄비에 생크림과 잘게 썬 치즈를 넣고 끓이다가 소금과 후추로 간해 소스를 만든다.

3. 그라탱팬에 모둠 채소를 담고 소스를 넣는다.

4. ③에 달걀을 깨뜨려 올리고 180℃로 예열한 오븐에서 10분간 굽는다.

TIP

그라탱 소스 재료로 생크림 1/4컵과 우유 1/4컵을 동량으로 섞어 사용해도 좋다.

김치떡 그라탱

김치를 잘 안 먹는 아이에게 만들어주면 좋은 서양식 떡볶이랄까요. 김치와 떡이 쇠고기와 치즈를 만나 고급스럽게 변신한 맛이 궁금하다면, 오늘 당장 만들어보세요. 아이는 아마 또 해달라고 조를 게 틀림없습니다. 단맛을 더 내고 싶으면 매실청의 양을 조금 늘리세요.

재료

간 쇠고기 50g, 떡국떡(시판용) 1/3봉(150g), 배추김치 1장, 양파 1/4개,
간장 1/2큰술, 피자 치즈 3큰술, 후추·포도씨기름 약간씩

- 떡볶이 소스 재료
  고추장 3큰술, 쌀조청 1큰술, 매실청 2큰술, 물 1/2컵

 만드는 법

1. 간 쇠고기는 간장과 후추로 양념
   한다.

2. 떡국떡은 찬물에 담그고 배추김
   치와 양파는 잘게 썬다.

3. 볼에 분량의 재료를 넣어 떡볶이
   소스를 만든다.

4. 냄비에 기름을 두르고 잘게 썬 배
   추김치, 양파, 양념한 쇠고기를 넣
   어 볶는다.

5. ④에 떡볶이 소스와 떡국떡을 넣
   고 7～8분간 끓인다.

6. 그라탱 용기에 ⑤를 담고 피자 치
   즈를 뿌려 180℃로 예열한 오븐에
   서 치즈가 녹을 때까지 7～8분간
   굽는다.

돌나물밥 피자

아이들이 피자를 사달라고 조를 때면 엄마들은 아이 건강을 생각하여 주저하게 됩니다. 그렇다면 이색적인 홈메이드 피자는 어떨까요? 밥이 들어가 아이의 한 끼 식사로도 충분하고 간식으로 준비해도 좋습니다.

재료

밥 1공기, 간 쇠고기 60g, 돌나물 1줌, 양파 1/6개(30g),
빨강 파프리카 1/6개(30g), 피자 치즈 1컵, 아몬드 슬라이스 2큰술, 포도씨기름 약간

- **고기 양념 재료**
  간장 1큰술, 매실청 1작은술, 후추 약간
- **고추장 소스 재료**
  고추장 · 올리고당 2큰술씩

 만드는 법

1. 간 쇠고기는 고기 양념 재료로 밑
   간한다.

2. 돌나물은 먹기 좋은 길이로 손질
   하고 양파와 파프리카는 깍둑썰
   기한다.

3. 볼에 분량의 재료를 넣어 고추장
   소스를 만든다.

4. 팬에 기름을 두르고 쇠고기와 양
   파를 볶은 후 꺼낸다.

5. 팬에 기름을 두르고 밥을 얇게 펼
   친 후 고추장 소스를 바른다.

6. ⑤에 채소와 쇠고기를 모두 올리
   고 피자 치즈와 아몬드 슬라이스
   를 뿌린 후 뚜껑을 덮어 4~5분
   간 굽는다.

모둠채소 볶음우동

볶음우동 한 접시면 별다른 반찬 없이 아이의 한 끼를 준비할 수 있습니다. 더욱이 채소가 듬뿍 들어가 건강식으로 손색이 없습니다. 채소를 준비하는 게 번거롭다면, 마트에서 파는 모둠 채소를 이용해보세요. 평소 국수를 좋아하는 아이라면 한 그릇 뚝딱할 것입니다.

재료

우동면(190g) 1봉, 모둠 채소(시판용) 1/3봉(70g), 칵테일새우 6마리,

만능양념간장 2큰술, 고춧가루 1/2작은술, 다진 땅콩 1큰술,

포도씨기름 · 소금 · 후추 약간씩

 만드는 법

1. 냄비에 물을 붓고 끓으면 우동면을 데쳐 물기를 뺀다.

2. 팬에 기름을 두르고 모둠 채소와 칵테일새우를 볶다가 소금과 후추로 간한다.

3. ②에 우동면, 만능양념간장, 고춧가루를 넣고 볶다가 다진 땅콩을 뿌린다.

TIP ONE

새우 외에도 오징어,
홍합 등 다양한 해산물을
이용할 수 있다.

TIP TWO

고추기름을 사용해
매콤한 맛을
가미할 수 있다.

감자
옥수수
달걀볶음

반찬에 옥수수를 넣으면 고소하면서 톡톡 씹는 맛으로 아이들이 좋아합니다. 옥수수를 직접 쪄서 사용하면 좋겠지만, 통조림 제품을 사용할 때는 반드시 뜨거운 물을 끼얹거나 살짝 데쳐야 첨가물을 제거할 수 있습니다.

재료

감자 1개, 달걀 1개, 실파 1/2뿌리, 옥수수(통조림) 5큰술(50g), 소금 1/3작은술, 포도씨기름 약간

 만드는 법

1. 감자는 반달 모양으로 얇게 썰어 물에 담그고 볼에 달걀을 풀어놓는다. 실파는 송송 썬다.

2. 팬에 기름을 두르고 감자를 4~5분간 볶다가 옥수수를 넣고 소금으로 간한다.

3. ②에 풀어놓은 달걀을 넣고 살짝 볶다가 실파를 넣는다.

TIP ONE

감자옥수수달걀볶음은 샌드위치 속 재료로 이용해도 좋다.

TIP TWO

가벼운 아침 식사나 간식으로도 좋다.

라타투이 채소볶음

라타투이는 프랑스 니스 지방에서 유래한 음식으로 가지, 토마토, 양파, 호박, 마늘과 파프리카 등의 채소와 허브를 넣고 만든 채소볶음입니다. 아이와 함께 가까운 곳으로 피크닉 등을 떠날 때 만들어가도 좋습니다. 여기에 빵 한두 조각을 곁들이면 아이의 한 끼 식사로도 부족함이 없습니다.

간 쇠고기 80g, 양파 1/6개(40g), 애호박 1/10개(30g), 가지 1/3개, 토마토 1/2개,
포도씨기름 약간

- 고기 양념 재료
  만능양념간장 · 다진 마늘 1작은술씩, 후추 약간
- 소스 재료
  수제 토마토케첩 2큰술, 고추장 1작은술, 물 1/4컵, 후추 약간

만드는 법

1. 간 쇠고기는 고기 양념 재료로 밑
   간한다.

2. 양파, 애호박, 가지, 토마토는 깍
   둑썰기한다.

3. 볼에 분량의 재료를 섞어 소스를
   만든다.

4. 팬에 기름을 두르고 밑간한 쇠고
   기를 볶다가 ②의 토마토를 제외
   한 채소를 넣고 볶는다.

5. ④에 토마토와 ③의 소스를 넣고
   3~4분간 볶는다.

단호박떡 꿀강정

하교 후 집에 오면 아이들은 자동으로 냉장고 문을 여는 경우가 많죠? 아이의 출출함을 달래는 간식을 만들어볼까요? 가래떡으로 만든 달달한 강정입니다. 딱딱하지 않고 단호박이 들어있어 건강까지 챙긴 강정으로 명절에 남은 가래떡으로 만들면 좋습니다.

재료

가래떡 1줄(30cm), 물 1/3컵, 단호박 약간(30g), 쌀조청 · 꿀 2큰술씩, 소금 약간,
빨강 파프리카 1/6개(30g), 아몬드 슬라이스 1큰술

 만드는 법

1. 가래떡은 2cm 두께 썰고 단호박
   과 파프리카는 깍둑썰기한다.

2. 팬에 기름을 두르지 않고 가래떡
   을 살짝 굽는다.

3. 냄비에 물을 붓고 단호박을 넣어
   끓이다가 쌀조청, 꿀, 소금을 넣
   고 걸쭉해질 때까지 졸인다.

4. ③에 파프리카와 가래떡을 넣고
   버무린 후 아몬드 슬라이스를 뿌
   린다.

TIP ONE

단호박 대신 고구마를
사용할 수 있다.

TIP TWO

아몬드 슬라이스 대신
다진 호두를 넣어도 좋다.

라이스 페이퍼쌈

매일 똑같은 음식만 먹으면 재미없잖아요. 때로는 아이를 위한 베트남 풍 요리에 도전해보세요. 닭가슴살과 과일 등 건강 재료에 두부 페이스트를 넣은 최고의 건강 요리입니다. 아이도 라이스페이퍼쌈의 시원함과 아삭한 식감에 반할 것입니다.

재료

닭가슴살 2/3조각(100g), 빨강 · 초록 파프리카 1/4개씩, 양상추 2장, 프레시 파인애플 1링,
라이스페이퍼 6장, 포도씨기름 약간

- **고기 양념 재료**
  소금 · 후추 · 레몬즙 · 올리브기름 약간씩
- **소스 재료**
  두부 페이스트 3큰술, 파인애플 주스 2큰술, 레몬즙 1/2큰술, 소금 1/3작은술,
  올리고당 · 다진 땅콩 1큰술씩, 핫소스 약간

 만드는 법

1. 닭가슴살은 포를 떠서 고기 양념
   재료로 밑간해서 팬에 기름을 두
   르고 노릇하게 굽는다.

2. 파프리카, 양상추, 파인애플은 먹
   기 좋은 크기로 썬다.

3. 분량의 재료를 섞어 소스를 만
   든다.

4. 볼에 따뜻한 물을 붓고 라이스페
   이퍼를 담갔다 꺼낸 다음 준비한
   재료를 올리고 돌돌 말아 ③의 소
   스를 곁들인다.

TIP
양상추 대신
적채를 사용해도 좋다.

제 3 장
우리 아이의 뼈 건강

- 두부, 달걀, 해조류 -

두부는 단백질 함량이 높고 지방과 칼로리가 낮아 비만 예방에 좋은
음식입니다. 소화 흡수도 잘돼 아이가 먹기에 그만입니다.
달걀은 아이들의 근육, 두뇌 발달을 돕습니다.
특히 눈이 피로한 아이에게도 권합니다.
각종 해조류 식품은 비타민과 철분, 인, 칼슘 등의 함량이 많아
성장기 아이에게 반드시 필요합니다.

두부고기 채소찜

아이들이 좋아하는 두부와 고기를 주재료로, 잘 먹지 않는 시금치를 맛있게 먹도록 만드는 채소찜입니다. 조금만 먹어도 속이 든든하고 돼지고기와 두부, 숙주 어느 것도 튀지 않고 은은하게 잘 어우러집니다. 만들어서 뜨거울 때 먹어야 더 맛이 있습니다.

재료

돼지고기(샤브샤브용 안심) 60g, 두부(210g) 1모, 시금치 1포기, 숙주 1줌,
포도씨기름 약간

- 양념장 재료
  다시마물 1/4컵, 간장 1큰술, 고추장 · 매실청 1작은술씩, 다진 마늘 1/2작은술,
  참기름 약간

 만드는 법

1. 두부는 8쪽으로 슬라이스하고 시
   금치는 길이로 3등분하고 숙주는
   다듬어 반으로 자른다.

2. 분량의 재료를 섞어 양념장을 만
   든다.

3. 팬에 기름을 두르고 두부를 넣고
   노릇하게 지진 후 뒤집어서 고기
   를 얹는다.

4. ③에 ②의 양념장을 끼얹고 팬의
   뚜껑을 덮고 끓이다가 숙주와 시
   금치를 올리고 자작하게 익힌다.

TIP

돼지고기는 부드럽고
연한 부위인 안심을
사용하면 좋다.

연두부 볶음덮밥

반찬 없이 차릴 수 있는 한 그릇 식사가 유용할 때가 많습니다. 연두부와 돼지고기로 만드는 덮밥인데요. 연두부는 부드럽고 소화도 잘돼서 아이들을 위한 최고의 식재료라 할 수 있습니다. 청경채나 연근 등 아이가 좋아하지 않는 채소를 먹일 수 있는 기회로 활용해보세요.

재료

간 돼지고기 80g, 청경채 1/2포기, 연근 1/6개(40g), 연두부(250g) 1모, 물 2/3컵,
소금 · 후추 약간씩

- 고기 양념 재료

  만능양념간장 · 청주 1작은술씩, 후추 약간
- 소스 재료

  고추장 · 수제 토마토케첩 · 만능양념간장 1큰술씩, 다진 마늘 1작은술

 만드는 법

1. 간 돼지고기는 고기 양념 재료로
   밑간한다.

2. 청경채와 연근은 잘게 썰고 연두
   부는 깍둑썰기한다.

3. 분량의 재료를 섞어 소스를 만
   든다.

4. 팬에 기름을 두르고 연근과 밑간
   한 돼지고기를 볶다가 물을 넣는
   다.

5. ④에 ③의 소스와 연두부를 넣고
   끓이다가 청경채를 넣은 후 소금
   과 후추로 간해서 자작하게 졸인
   다.

미역
새우전

미역의 미끈거리는 식감이 싫어 잘 먹지 않는 아이도 있습니다. 그런 아이도 새우와 함께 전을 부치면 잘 먹어요. 새우의 고소함이 아이의 입맛을 살려줘 밥을 먹는 둥 마는 둥 하는 아이의 상에 올리면 그만입니다. 전을 부칠 때는 놀이 삼아 아이와 함께 요리를 해도 좋습니다.

재료

마른미역 10g, 칵테일새우 10마리(60g), 양파(10g) · 당근(10g) · 포도씨기름 약간씩

- 반죽 재료

    달걀물 4큰술, 우리통밀가루 3큰술, 소금 1/3작은술

 만드는 법

1. 마른미역은 물에 30분 정도 불린 후 잘게 썰고 칵테일 새우도 잘게 썬다.

2. 양파와 당근은 곱게 채 썬다.

3. 볼에 미역, 칵테일새우, 양파, 당근과 반죽 재료를 넣고 섞는다.

4. 팬에 기름을 두르고 ③의 반죽을 수저로 떠 놓고 앞뒤로 노릇하게 지진다.

TIP

미역새우전에
초간장이나 초고추장을
곁들이면 좋다.

파래견과류 가루무침

일본식 후리카케로 잘 알려진 이 음식은 엄마가 바쁠 때 간단히 준비해서 주먹밥으로 만들어주면 아이가 잘 먹습니다. 아이와 함께 떠나는 나들이에도 그만이고요. 멸치는 충분히 볶아야 바삭하므로 너무 빨리 불에서 내리지 않는 것이 좋습니다.

재료

마른 파래김 1컵, 혼합 견과류 1컵, 지리멸치 1/2컵, 자일로스 설탕 1/2작은술,
통깨 · 검은깨 1/4컵씩, 포도씨기름 약간

 만드는 법

1. 마른 파래김은 기름에 살짝 볶은 다음 잘게 부순다.

2. 팬에 기름을 두르지 않고 견과류를 살짝 볶아 잘게 다진다.

3. 팬에 기름을 두르고 지리멸치를 2 ~3분간 바삭하게 볶은 후 설탕을 넣고 살짝 더 볶는다.

4. ③에 ①, ②와 통깨, 검은깨를 모두 넣고 3~4분간 살짝 볶는다. 완전히 식으면 밀봉하여 보관한다.

TIP

밥 위에 뿌려 먹어도 좋고 밥을 작게 뭉쳐 가루를 묻혀도 된다. 또 주먹밥의 속 재료로 활용해도 좋다.

일본식
가루무침
주먹밥

아이들이 좋아하는 후리카케 주먹밥 요리입니다. 시간도 오래 걸리지 않고 재료도 간단해 바깥 일로 바쁜 엄마들에게 추천합니다. 정성 들여 밥을 준비할 시간이 없을 때 후다닥 만들어보세요. 아무렴 햄버거 보다야 낫겠죠.

재료

쌀밥 2/3공기, 파래견과류가루무침(130쪽 참조) 2큰술, 김(김밥용) 1장

- 조미 양념 재료

    소금 1/2작은술, 참기름 1작은술

 ## 만드는 법

1. 밥을 지어 뜨거울 때 조미 양념 재료로 밑간한다.

2. 밥에 파래견과류가루무침을 넣고 잘 섞는다.

3. 김 위 가운데에 양념한 밥을 올린다.

4. ③의 주먹밥을 정사각형 모양으로 접는다.

5. ④의 완성된 주먹밥을 X자로 4등분한다.

견과류
두부구이

두부구이는 엄마들이 가장 손쉽게 해주는 아이 반찬 중 하나입니다. 여기에 견과류를 더해 영양까지 책임지는 두부 요리입니다. 아침밥을 먹기 싫어하는 아이에게 한두 개만 입에 넣어줘도 속이 든든해집니다. 아이의 취향에 따라 견과류를 조금 더 넣어도 좋아요.

재료

두부(210g) 1모, 우리통밀가루 1큰술, 소금 · 포도씨기름 약간씩

• 양념 소스 재료

　빨강 · 초록 파프리카 1/8개(20g)씩, 혼합 견과류 1큰술, 만능양념간장 · 물 1큰술씩

만드는 법

1. 두부는 먹기 좋게 썰어서 키친타월에 올려 물기를 제거한 후 소금을 뿌린다.

2. 소스에 넣는 파프리카와 견과류를 잘게 썬다.

3. 나머지 재료를 섞어 양념 소스를 만든다.

4. 팬에 기름을 두르고 두부에 우리통밀가루를 묻혀 앞뒤로 노릇하게 지진다.

5. ④의 두부에 ③의 소스를 올리고 살짝 졸인다.

연두부 달걀스크램블

엄마는 만들기 쉽고 아이는 맛있어 하는 한 그릇 음식입니다. 스크램블에 달걀과 버섯을 넣어 부드럽고 영양까지 챙긴 간단식인데요. 아침에 입맛이 없어 밥을 부담스러워하는 아이라면 더없이 좋은 한 끼 식사가 될 겁니다. 여기에 과일 주스 한 잔으로 비타민을 보충해주세요.

재료

연두부(250g) 1/2모, 달걀 2개, 실파 1/2뿌리, 당근 약간(10g), 백만송이버섯 10가닥,
소금 1/3작은술, 포도씨기름 약간

 만드는 법

1. 당근은 잘게 깍둑썰기하고 백만
   송이버섯은 2~3cm 길이로 썰고
   실파는 송송 썬다.

2. 볼에 달걀을 풀고 실파를 넣고 소
   금으로 간한 후 연두부를 숟가락
   으로 떠 넣는다.

3. 팬에 기름을 두르고 당근과 백만
   송이버섯을 볶는다.

4. ③에 실파를 넣은 달걀물을 넣고
   스크램블한다.

TIP
달걀물을 넣고 연두부가
으깨지지 않도록
가볍게 스크램블한다.

두부구이와 레몬간장소스

아이 반찬으로 두부는 만만한 재료입니다. 게다가 영양도 풍부하니 더욱 좋습니다. 단백질이 풍부한 두부구이를 준비해보세요. 방울토마토와 베이비 채소가 더해져 비타민과 무기질까지 섭취할 수 있으니 불평할 게 없는 음식입니다.

재료

두부(300g) 1/2모, 우리통밀가루 1~2큰술, 방울토마토 3개,
베이비 채소 · 포도씨기름 · 소금 · 후추 약간씩

• 레몬 간장 소스 재료

　양파 1/8개(15g), 레몬즙 2작은술, 만능양념간장 1/2큰술, 참기름 1작은술

 만드는 법

1. 두부는 깍둑썰기해 물기를 제거하고 소금과 후추로 밑간한 후 우리 통밀가루를 묻힌다.

2. 팬에 기름을 두르고 두부를 지진다.

3. 방울토마토는 반으로 자르고 양파는 잘게 썬다.

4. 잘게 썬 양파와 분량의 재료를 섞어 레몬 간장 소스를 만든다.

5. 접시에 두부를 담고 방울토마토와 베이비 채소를 얹고 ④의 소스를 뿌린다.

TIP

레몬 간장 소스는 두부 요리 외에도 각종 육류와 생선구이, 샐러드드레싱으로도 활용할 수 있다.

호박 품은 달걀스크램블

스크램블에 호박구이를 곁들이기만 하면 뚝딱 만들 수 있는 훌륭한 아이 반찬입니다. 토마토케첩도 각종 화학물질이 첨가된 시판 제품이 아니라 엄마표 수제 케첩을 사용해서 아이 건강을 책임집니다. 바쁜 아침 시간, 사랑스런 우리 아이의 아침 식사로 만들어보세요.

재료

애호박 1/5개(60g), 방울토마토 2개, 달걀 2개, 시금치 2줄기,
우유 · 수제 토마토케첩 2큰술씩, 베이비 채소 · 소금 · 후추 · 포도씨기름 약간씩

 만드는 법

1. 애호박은 둥글납작하게 썰고 방
울토마토는 반으로 자르고 시금
치는 송송 썬다.

2. 볼에 달걀을 풀고 우유, 방울토
마토, 시금치를 넣고 소금과 후
추로 간한다.

3. 팬에 기름을 두르고 애호박을 지
져서 꺼낸다.

4. 팬에 기름을 두르고 ②의 달걀물
을 넣고 스크램블한다.

5. 접시에 애호박을 담고 달걀스크
램블을 올리고 수제 토마토케첩
을 뿌린 후 베이비 채소를 올린
다.

참치달걀 스크램블

아이가 출출하다고 할 때 가볍게 만들어주는 간식 겸 반찬입니다. 그저 평범한 달걀 스크램블에 통조림 참치만 넣어도 한층 맛이 살아납니다. 참치 통조림은 요리하기 전에 내용물을 꺼내 뜨거운 물에 한 번 데쳐서 쓰는 게 좋습니다.

재료

참치(통조림) 2큰술, 달걀 3개, 시금치(5g) · 당근(10g) · 목이버섯(5g) · 소금 · 후추 약간씩,
물 1/3컵

 만드는 법

1. 참치는 기름기를 제거하고 채소와
   버섯은 잘게 썬다.

2. 볼에 달걀을 풀고 물을 넣어 잘
   젓는다.

3. 달걀물에 참치, 시금치, 당근, 목
   이버섯을 모두 넣고 소금과 후추
   로 간한다.

4. 전자레인지용 컵에 달걀물을 넣
   는다.

5. ④를 전자레인지에 넣어 1분간 익
   힌 후 꺼내서 골고루 저어주고 다
   시 1분간 익힌다.

미니두부
치즈볼

아이들이 좋아하는 두부와 치즈를 이용한 튀김입니다. 단백질과 비타민 등 성장기 아이에게 필수적인 영양소가 고루 들어간 영양 간식을 만들어볼게요. 입안에 들어가면 겉은 바삭하고, 속은 사르르 녹는 특유의 식감 때문에 아이들이 정말 좋아합니다.

재료

두부(300g) 1/4모, 초록 파프리카 1/8개(20g), 당근 약간(10g), 옥수수 2큰술,
피자 치즈 3큰술, 소금 · 검은깨 약간씩, 튀김기름 적당량

- **튀김옷 재료**
  우리통밀가루 2큰술, 달걀물 1/2개분, 빵가루 1컵

 ### 만드는 법

1. 두부는 물기를 제거한 후 면포에
   싸서 물기를 꼭 짠다.

2. 파프리카와 당근은 잘게 썬다.

3. 볼에 두부, 파프리카, 당근, 옥수
   수, 피자 치즈, 소금, 검은깨를 넣
   는다.

4. ③의 재료를 골고루 섞어 반죽한
   후 먹기 좋은 크기로 동그랗게 빚
   는다.

5. ④를 우리통밀가루, 달걀물, 빵가
   루 순으로 튀김옷 입혀 튀김기름
   에 튀긴다.

TIP

기름에 너무 오래 튀기면
반죽 속 치즈가 녹아
흐를 수 있으니 주의한다.
아이가 먹기 좋게
꼬치에 꽂아줘도 좋다.

누룽지
멸치크래커

누룽지가 아이를 위한 과자로 변신했습니다. 볶은 누룽지와 잔멸치의 바삭한 식감이 시판 과자 부럽지 않습니다. 시판 과자는 나트륨이나 온갖 첨가물이 염려되지만 이 크래커는 화학 첨가물 걱정이 없는 건강 과자입니다.

시판 누룽지 70g, 잔멸치 2큰술, 자일로스 설탕 1큰술, 포도씨기름 약간

 만드는 법

1. 팬에 기름을 더 두르고 누룽지를 3분간 바삭하게 볶는다.

2. 팬에 기름을 더 두르고 잔멸치를 3～4분간 바삭하게 볶아 식힌다.

3. 볼에 볶은 잔멸치와 누룽지를 넣고 설탕을 뿌려 버무린다.

TIP ONE

잔멸치는 기름에 튀겨내듯이 바삭하게 볶는다.

TIP TWO

잔멸치와 누룽지가 따뜻할 때 설탕을 뿌려야 설탕이 겉돌지 않는다.

닭고기
두부스테이크

아이가 쇠고기를 좋아해도 너무 자주 해주는 것은 건강에 좋지 않습니다. 그렇다면 쇠고기가 안 들어간 고단백 스테이크를 한번 만들어볼까요? 부드럽고 소화도 잘돼 아이들한테 안성맞춤입니다. 아이들이 좋아하지 않는 시금치를 살짝 넣었다는 비밀이 숨어 있습니다.

닭가슴살 1/3조각(40g), 팽이버섯 1/2줌, 시금치 2줄기, 두부(300g) 1/2모
우리통밀가루 · 포도씨기름 · 소금 · 후추 약간씩

- **조림장**
  물 1/2컵, 다시마(5X5cm) 1장, 만능양념간장 1/2~1큰술

 만드는 법

1. 닭고기는 납작하게 저며 썰고 팽이버섯과 시금치는 먹기 좋은 길이로 썬다.

2. 두부는 2×4cm, 두께 0.7cm로 썰어 물기를 제거하여 소금과 후추로 밑간한 후 우리통밀가루를 묻힌다.

3. 팬에 기름을 두르고 두부를 앞뒤로 노릇하게 지진다.

4. 냄비에 기름을 두르고 닭고기를 넣어 볶는다.

5. ④에 조림장 재료를 모두 넣고 졸이다가 다시마를 건진 후 팽이버섯과 시금치를 넣고 끓인다. ③의 지진 두부에 끼얹는다.

토마토 치즈깨소스 무침

오이와 토마토는 몸에 좋은 식재료지만 먹지 않는 아이들이 많습니다. 반찬에 들어간 오이 등을 고스란히 골라내고 먹으면 정말로 안타까운데요. 오이나 토마토에 고소한 치즈를 넣어 조리해보세요. 칼슘 듬뿍 치즈가 아이의 편식하는 버릇을 싹 고쳐줄 것입니다.

재료

토마토 1/2개, 오이 1/2개, 사과 1/6개(40g), 치즈 큐브 5개

• **참깨 소스 재료**

통깨 · 레몬즙 · 오렌지 주스(또는 생수) 2큰술씩, 간장 1작은술, 올리고당 1큰술

만드는 법

1. 토마토는 6등분해서 반으로 자르고 오이는 먹기 좋은 길이로 4등분한다. 사과는 먹기 좋게 납작하게 썬다.

2. 믹서에 먼저 통깨를 넣고 곱게 갈다가 나머지 재료를 넣고 갈아 참깨 소스를 만든다.

3. 볼에 오이, 토마토, 사과를 담고 참깨 소스와 치즈를 넣고 버무린다.

TIP ONE

치즈 큐브 대신 생 모차렐라 치즈볼을 넣어도 좋다.

TIP TWO

다양한 제철 과일을 넣어도 좋으며 참깨 소스 대신 요구르트 드레싱을 이용할 수도 있다.

가지
치즈구이

보랏빛 가지는 안토시아닌이 풍부해 아이에게 꾸준히 먹이는 것이 좋습니다. 살이 부드러운 안쪽만 먹는 아이가 많아 걱정하기도 하지만요, 가지치즈구이는 만들기도 간단하고 간식으로도 활용할 수 있습니다.

재료

가지 1/2개, 만능양념간장 1큰술, 피자 치즈 4큰술

 만드는 법

1. 가지는 1.5cm 두께의 링 모양으로 썬다.

2. 가지의 한 면에만 만능양념간장을 골고루 바른다.

3. 오븐 용기에 가지를 담고 피자 치즈를 올린 후 180℃로 예열한 오븐에서 5~6분간 굽는다.

TIP ONE

가지는 굽는 동안
수분이 빠져나오기 때문에
도톰하게
써는 것이 좋다.

TIP TWO

피자 치즈 대신
칼슘 강화 치즈를
등분해서
사용해도 좋다.

알감자
멸치견과조림

짜지 않게 만들어서 아이에게 주식 대용으로 먹일 수 있는 반찬입니다. 멸치조림을 할 때 알감자와 호박씨 등의 견과류를 넣어보세요. 훨씬 영양이 풍부한 반찬이 됩니다. 호박씨가 없으면 집에 있는 견과류를 활용하세요.

재료

알감자 10개, 잔멸치 1큰술, 호박씨 1작은술, 포도씨기름 약간

• 조림장 재료
  간장 1큰술, 쌀조청 2큰술, 물 1/4컵

 만드는 법

1. 감자는 전자레인지에 3분간 익힌다.

2. 팬에 기름을 두르고 잔멸치와 호박씨를 3분간 볶는다.

3. 냄비에 조림장 재료와 감자를 넣고 5~6분간 조린다.

4. 알감자가 윤기나게 조려지면 잔멸치와 호박씨를 뿌린다.

TIP
만능양념간장을
이용해 조림을
해도 좋다.

달걀채소
팬케이크

고소하고 달콤한 팬케이크를 만들어볼까요? 시금치, 파프리카, 버섯 등 아이들은 싫어하지만 몸에 좋은 채소를 달걀의 고소함과 메이플시럽의 달콤함으로 살짝 포장해보세요. 여기에 우유 한 잔만 준비하면 아이의 간식으로 그만입니다.

재료

시금치 1포기, 빨강 미니 파프리카 1/3개, 방울토마토 2개, 양송이버섯 1개,

메이플시럽 · 포도씨기름 약간씩

- 반죽 재료

  달걀 2개, 우유 1/4컵, 소금 1/3작은술, 후추 약간

 만드는 법

1. 시금치는 뿌리를 잘라내고 3cm 길이로 자르고 미니 파프리카는 링 모양으로 썬다. 방울토마토와 양송이버섯은 납작하게 썬다.

2. 볼에 반죽 재료를 넣고 잘 섞는다.

3. 달군 팬에 기름을 두르고 반죽을 넣고 시금치, 파프리카, 방울토마토, 양송이버섯을 올리고 3~4분간 굽는다.

4. 한쪽 면이 노릇하게 색이 나면 뒤집어 마저 익힌다.

5. 노릇하게 구워지면 메이플시럽을 두른다.

달걀당근
샐러드

'아이가 잘 먹을까?' 고개를 갸우뚱하게 되는 당근과 브로콜리의 조합입니다. 부드러운 달걀과 달콤한 소스가 적절하게 어우러지며 맛의 상승효과를 가져와 아이들도 좋아하는 샐러드입니다. 달걀 대신 메추리알을 넣어도 아이가 잘 먹습니다

재료

달걀 2개, 브로콜리 12송이(40g), 당근(30g) · 소금 · 식초 약간씩

• **소스 재료**

매실청 · 식초 · 올리브기름 1큰술씩, 소금 · 후추 약간씩

 만드는 법

1. 달걀은 80℃의 물에 소금과 식초를 넣고 8~10분간 반숙으로 삶아 한입 크기로 썬다.

2. 브로콜리는 먹기 좋게 썰어 데치고 당근은 얇게 채 썰어 소금을 뿌려 살짝 절인다.

3. 절인 당근은 면포에 넣어 물기를 꼭 짠다.

4. 볼에 준비한 재료를 모두 담고 소스를 만들어 넣고 버무린다.

TIP
호두나 아몬드 슬라이스
등의 견과류를
곁들여도 좋다.

제 4 장
뇌가 건강한
아이 만들기

- 등푸른 생선, 견과류,
슈퍼 곡물 -

등푸른 생선은 영양면에서 흰살생선에 비해
질 좋은 아미노산이 월등히 많아
성장기 아이에게 반드시 필요한 식품입니다.
바이러스를 파괴하는 기능을 해 면역력도 높이지요.
각종 견과류 식품은 아이의 두뇌 발달과 기억력을 좋게 하고
귀리와 치아시드 등 슈퍼 곡물은 단백질과 식이섬유가 풍부합니다.

연어 김치만두

만두소를 준비하는 것은 손이 많이 가는 일입니다. 아이를 위한 보다 간편하고 색다른 만두소로 연어는 어떨까요? 연어와 김치의 조합은 김치를 골라내는 아이에게 강추하는 메뉴입니다

재료

연어(통조림) 1캔(100g), 배추김치 2장, 양파 1/6개(30g), 만두피 6장,
포도씨기름 · 소금 · 후추 약간씩

 만드는 법

1. 연어는 체에 밭쳐 기름기를 제거한다.

2. 배추김치와 양파는 잘게 다진다.

3. 팬에 기름을 두르고 연어, 배추김치, 양파를 넣고 볶다가 소금과 후추로 간한다.

4. 만두피에 ③의 소를 얹고 가장자리에 물을 바른 후 반달 모양으로 만두를 빚는다.

5. 팬에 기름을 두르고 만두를 노릇하게 지진다.

참치카레
채소밥전

아이들이 좋아하는 참치로 만든 전 요리입니다. 카레를 안 먹는 아이가 카레와 친해지게 하는 데에도 좋은 요리입니다. 밥과 참치, 달걀 등이 들어있어 한 끼 식사로 부족함이 없습니다. 전은 중간 불에서 타지 않게 노릇하게 부쳐야 맛있습니다.

재료

밥 1/2공기, 참치(통조림) 1/2캔(50g), 양파 1/6개(30g), 카레가루 1큰술, 달걀 2개,
소금 1/3작은술, 당근(10g) · 애호박(20g) · 후추 · 포도씨기름 약간씩

 만드는 법

1. 참치는 체에 밭쳐 기름기를 제거한다.

2. 양파, 당근, 애호박은 잘게 썬다.

3. 볼에 밥, ②의 채소, 참치, 카레가루, 달걀, 소금, 후추를 넣고 잘 섞는다.

4. 팬에 기름을 두르고 ③의 반죽을 한 숟가락씩 떠 놓고 앞뒤로 노릇하게 지진다.

TIP

참치 대신 연어나
삼치를 잘게 썰어
넣어도 된다.

연어감자 샐러드

아이에게 먹고 싶은 것을 말해보라고 하면 샐러드를 이야기하는 경우가 많습니다. 이 음식은 아이에게 자주 해주는 감자샐러드의 새로운 버전입니다. 연어를 조금만 넣어도 색다른 맛의 샐러드로 변신한답니다. 마요네즈 대신 저칼로리 두부 페이스트를 이용하는 것도 잊지 마세요.

연어 100g, 감자 1개, 빨강 파프리카 1/8개(20g), 오이 1/7개(30g),
두부 페이스트 3큰술, 레몬즙 1작은술, 소금 · 흰 후추 · 포도씨기름 약간씩

 만드는 법

1. 연어와 감자는 깍둑썰기하고 파
프리카와 오이는 잘게 썬다.

2. 감자는 전자레인지에 1분간 익힌
다.

3. 연어는 소금과 후추로 밑간해서
팬에 기름을 두르고 3분 동안 굽
는다.

4. 볼에 연어, 감자, 파프리카, 오이
를 담고 두부 페이스트, 레몬즙,
소금, 흰 후추를 넣어 버무린다.

TIP

사과나 단감 등의 과일을
곁들이면 새콤달콤한
맛을 더할 수 있다.

고등어
너겟과
오이요구르트
소스

아이들이 좋아하는 너겟을 고등어로 만든 이색 요리입니다. 가시가 없어 먹기 편하고 비린내도 없습니다. 특히 고소한 맛 때문에 아이들이 정말 좋아하지요. 핫도그빵에 이 너겟과 채소를 넣고 소스를 뿌리면 아이들이 매일 해달라고 성화일 겁니다.

재료

고등어 1/4마리(100g), 방울토마토 4개, 핫도그빵 2개, 상추(소) 6장, 청주 1작은술,
소금 · 후추 약간씩, 튀김기름 적당량

- **오이 요구르트 소스 재료**
  오이 약간(20g), 떠먹는 요구르트(플레인) 1개, 올리고당 1/2작은술,
  소금 1/3작은술, 후추 약간
- **튀김 재료**
  우리통밀가루 1큰술, 달걀물 2큰술, 빵가루 2~3큰술

 만드는 법

1. 고등어는 살을 발라 한입 크기로
   손질하여 청주, 소금, 후추로 밑
   간한다.

2. 방울토마토는 납작하게 썰고 소
   스에 들어갈 오이는 잘게 썬다.

3. 핫도그빵은 길이로 3등분하여 팬
   에 기름을 두르지 않고 가볍게 굽
   는다.

4. 볼에 분량의 재료를 섞어 오이 요
   구르트 소스를 만든다.

5. 밑간한 고등어를 우리통밀가루,
   달걀물, 빵가루 순으로 튀김옷을
   입힌 다음 튀김기름에 튀겨 고등
   어 너겟을 만든다.

6. 핫도그빵에 ④의 요구르트 소스
   를 바르고 상추, 고등어 너겟, 방
   울토마토를 올리고 남은 핫도그빵
   으로 덮는다.

꽁치
카레조림

두뇌 건강에 좋은 꽁치조림을 만들 때는 카레가루와 땅콩을 넣어보세요. 카레가 꽁치의 비린내를 잡아주어 간장만 넣었을 때와는 또 다른 풍미로 엄마표 인기 메뉴가 될 겁니다. 카레를 잘 안 먹는 아이라면 땅콩만 넣어도 맛이 확 살아납니다.

재료

꽁치 1/4마리(120g), 양송이버섯 2개, 양파 1/6개(30g), 브로콜리 2송이(20g),
카레가루 1큰술, 다진 땅콩 1큰술, 포도씨기름 약간

• 조림장 재료
　다시마(5X5cm) 2장, 물 1컵, 만능양념간장 2큰술

 만드는 법

1. 꽁치는 손질한 후 3토막으로 자른다.

2. 양송이버섯은 반으로 자르고 양파는 꼭지를 살려 먹기 좋게 썰고 브로콜리는 먹기 좋은 크기로 썬다.

3. 꽁치에 카레가루를 묻혀 팬에 기름을 두르고 지진다.

4. 냄비에 다시마를 깔고 물과 만능양념간장을 넣고 끓인다. 꽁치, 양송이버섯, 양파, 브로콜리를 넣고 조린 후 다진 땅콩을 뿌린다.

TIP

꽁치를 잘 안 먹는 아이들에게 카레를 넣어 조려주면 거부감 없이 먹을 수 있다. 카레는 뇌세포 성장에 도움을 주어 어린이에게 좋다.

흰살생선 치즈구이와 토마토소스

아이를 위한 생선구이에는 특별한 게 필요합니다. 간장 소스보다 새콤 달콤한 토마토소스를 곁들이면 아이들이 밥 한 그릇 뚝딱 먹어치우죠. 대구살이 없으면 동태살로 만들어도 됩니다. 생선과 토마토소스가 맛과 영양의 조화를 이룹니다.

 **재료**

대구살 100g, 우리통밀가루 · 치즈 가루 1큰술씩, 포도씨기름 · 소금 · 후추 약간씩

• **토마토소스 재료**

  토마토 1개, 꿀 · 수제 토마토케첩 1큰술씩

 만드는 법

1. 대구살은 물기를 제거해서 소금과 후추로 밑간한 후 우리통밀가루와 치즈 가루를 묻힌다.

2. 팬에 기름을 두르고 대구살을 지진다.

3. 믹서에 토마토와 꿀을 넣고 간다.

4. 냄비에 ③과 수제 토마토케첩을 넣고 4~5분간 끓인 후 소금과 후추로 간하고 생선구이에 곁들인다.

TIP

생선에 치즈 가루와
빵가루를 섞어서
묻혀도 좋다.

삼치 채소찜

외식을 좋아하는 아이를 위해 오늘은 담백한 음식을 준비해보세요. 자극적인 음식 대신 심심한 맛이 입맛을 돋게 하는 생선찜이 주인공입니다. 기름기도 쏙 빠져서 담백하고 삼치는 단백질 함량이 높으니 자주 만들어주세요.

재료

순살 삼치 2토막, 양파 1/8개(20g), 실파 1뿌리, 참기름 2작은술,
당근(15g) · 소금 · 후추 · 포도씨기름 약간씩

- **양념장 재료**
  만능양념간장 1큰술, 레몬즙 · 청주 2작은술씩

 만드는 법

1. 순살 삼치는 소금과 후추로 밑간
   한다.

2. 양파와 당근은 3~4cm 길이로 채
   썰고 실파는 2cm 길이로 썬다.

3. 종이포일에 참기름을 바르고 삼
   치를 놓고 양념장과 ②의 채소를
   얹는다.

4. 종이포일을 잘 여민 후 170℃로
   예열한 오븐(혹은 토스터)에 넣어
   10분간 익힌다.

TIP

오븐 대신 김 오른
찜기에 쪄도 좋다.

연어 조림스시

날생선을 꺼리는 아이들이 많은 탓에, 스시는 아이들에게 친숙하지 않은 요리입니다. 그렇다면 생선을 익혀 스시를 만들어주세요. 단, 밥이 질면 맛이 없으니까 주의하세요. 연어 대용으로 꽁치나 고등어를 조려 만들어도 아이들이 잘 먹습니다.

재료

밥 2/3공기, 연어 1토막(90g), 통깨 1/2큰술, 참기름 1작은술, 포도씨기름 약간

- 배합초 재료
  식초 1큰술, 자일로스 설탕 2작은술, 소금 1작은술
- 조림장 재료
  만능양념간장 · 청주 1큰술씩

만드는 법

1. 밥이 뜨거울 때 분량의 재료를 섞어 만든 배합초, 통깨, 참기름을 넣어 양념한다.

2. 손으로 밥을 쥐어 스시밥을 만든다.

3. 스시에 올리는 연어는 5X2cm 크기로 썬다.

4. 팬에 기름을 두르고 연어를 굽고 조림장을 넣어 윤기 나게 조린다.

5. 스시밥 위에 연어조림을 얹는다.

TIP

연어 대신 삼치, 새우 등으로 만들어도 좋다. 배합초는 식초, 설탕, 소금을 3:2:1 비율로 섞어 한번 끓인다.

매콤한
삼치
채소스튜

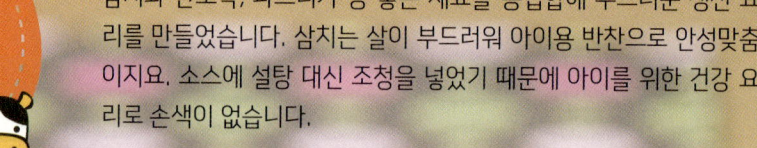

삼치와 단호박, 파프리카 등 좋은 재료를 총집합해 부드러운 생선 요리를 만들었습니다. 삼치는 살이 부드러워 아이용 반찬으로 안성맞춤이지요. 소스에 설탕 대신 조청을 넣었기 때문에 아이를 위한 건강 요리로 손색이 없습니다.

재료

순살 삼치 140g, 단호박 약간(30g), 초록 파프리카 1/2개, 토마토(소) 1개,

카레가루 1/2큰술, 청주 1작은술, 후추 약간

• **소스 재료**

고추장 1/2큰술, 된장 1작은술, 쌀조청 1큰술, 다진 마늘 1/2작은술, 물 1/2컵

 만드는 법

1. 삼치는 한입 크기로 썰어 청주와 후추로 밑간한 후 카레가루를 묻힌다.

2. 단호박과 파프리카는 깍둑썰기하고 토마토는 먹기 좋은 크기로 썬다.

3. 볼에 분량의 재료를 섞어 소스를 만든다.

4. 팬에 기름을 두르고 밑간한 삼치를 노릇하게 굽는다.

5. ④에 ③의 소스와 단호박을 넣고 끓이다가 토마토와 파프리카를 넣고 4~5분간 끓인다.

TIP

생선의 비린내를 제거하기 위해 청주 대신 생강즙이나 양파즙을 사용해도 좋다.

수제어묵
연근조림

아이들이 좋아하는 어묵으로 만든 요리입니다. 마트에 가면 어떤 것을 사야 할지 모를 만큼 다양한 어묵이 있습니다. 그러나 아무리 아이의 몸에 좋은 어묵이라도 엄마가 직접 만든 어묵만 못하지요. 각종 첨가물 없는 수제 어묵으로 건강한 어묵조림을 만들어주세요.

재료

수제 어묵 80g, 연근(3cm) 1토막(20g), 당근 약간(10g), 검은깨 · 참기름 · 포도씨기름 약간씩

- **조림장 재료**
  만능양념간장 1큰술, 다진 마늘 1/3작은술, 물 1/4컵

 만드는 법

1. 수제 어묵은 납작하게 썰고 연근은 데친 후 당근과 함께 1/4등분해서 얇게 썬다.

2. 볼에 분량의 재료를 섞어 조림장을 만든다.

3. 팬에 기름을 두르고 연근과 당근을 볶는다.

4. ③에 수제 어묵과 ②의 조림장을 넣고 조리다가 검은깨와 참기름을 뿌린다.

TIP 홈메이드 수제 어묵 만드는 법

재료: 흰살생선(대구 또는 동태살) 200g, 양파 1/6개(30g), 당근 약간(20g), 피망 1/8개(20g), 튀김기름 적당량
어묵 양념 재료: 달걀흰자 4큰술, 녹말가루 1/2컵, 다진 마늘·깨소금 1작은술씩, 소금·후추 약간씩

만드는 법
1. 흰살생선은 뼈와 가시를 제거하고 살만 준비하여 믹서기에 곱게 간다.
2. 양파, 당근, 피망은 잘게 썬다.
3. 볼에 ①의 생선살과 ②의 채소와 어묵 양념 재료를 넣어 밑간을 한다.
4. ③을 어묵 모양으로 빚은 후 170℃ 온도의 튀김기름에 노릇하게 튀긴다.

연어 양배추볶음

아이가 물리지 않는 식재료 가운데 하나가 연어인데요. 궁합이 좋은 연어와 양배추를 사용한 음식입니다. 달콤한 소스까지 곁들이면 금상 첨화. 간단히 만들고 맛있게 먹을 수 있지만 너무 많이 먹이지는 마세요. 연어는 칼로리가 높은 편입니다.

 **재료**

연어 100g, 양배추 1장(60g), 포도씨기름 · 소금 약간씩

- 연어 양념 재료

  청주 1작은술, 소금 · 후추 약간씩

- 두부 허니 머스터드 소스 재료

  두부 페이스트 2큰술, 양겨자 · 꿀 · 레몬즙 1큰술씩, 소금 약간

 만드는 법

1. 연어는 한입 크기로 썰고 청주, 소금, 후추로 밑간하고 양배추는 4cm 길이로 채 썬다.

2. 볼에 분량의 재료를 섞어 두부 허니 머스터드 소스를 만든다.

3. 팬에 기름을 두르고 양배추를 볶다가 소금으로 간해서 꺼낸다.

4. ③의 팬에 연어를 굽는다. 접시에 양배추를 먼저 담고 연어를 얹고 ②의 소스를 뿌린다.

TIP

양배추에는 성장기 어린이의 뼈 생성에 필요한 칼슘이 풍부하다.

오징어
잡채덮밥

특별한 날에나 만들던 잡채를 이제 간단하게 만들어보세요. 오징어를 올리면 아이들이 좋아하는 반찬이 됩니다. 아이가 먹기 좋도록 오징어는 작게 잘라주면 좋습니다. 오징어 외에 새우, 홍합 등의 다양한 해산물을 넣어도 좋습니다.

재료

밥 1공기, 오징어 1/3마리, 양파 1/6개(30g), 빨강 · 초록 파프리카 1/6개씩(30g),
목이버섯 1장, 불린 당면 80g(건당면 40g), 만능양념간장 2큰술, 다시마물 1컵,
소금 · 후추 · 포도씨기름 약간씩

만드는 법

1. 오징어는 껍질을 벗겨서 채 썰고 양파와 파프리카도 채 썬다. 목이버섯은 물에 불려서 채 썬다.

2. 당면은 물에 담가 1시간 정도 충분히 불린 후 끓는 물에 3분 정도 삶아 물기를 빼서 먹기 좋게 자른다.

3. 팬에 기름을 두르고 양파와 파프리카, 오징어, 목이버섯 순으로 넣고 볶다가 소금과 후추로 간한다.

4. ③에 ②의 당면과 만능양념간장을 넣고 볶는다.

5. ④에 다시마물을 넣고 자작하게 볶아 밥에 곁들여 낸다.

TIP

볶을 때 홍고추나 고추기름을 넣어 매콤한 맛을 낼 수도 있다.

병아리콩
단호박수프

집에서 손쉽게 만들 수 있는 호박죽보다 더 고소하고 영양가도 좋은 수프를 찾는다면 병아리콩수프를 추천합니다. 딱딱한 병아리콩을 조금 오래 불리는 번거로움을 제외하면 세계 10대 슈퍼 곡물로 만드는 병아리콩 수프는 아이에게 더없이 좋은 영양식입니다.

재료

불린 병아리콩 1과1/2컵, 단호박 1/8개(70g), 양파 1/4개,
대파(흰 부분) 5cm(10g), 물(또는 육수) 4컵, 생크림 1/4컵, 소금 1/2작은술,
포도씨기름 · 흰 후추 · 실파 약간씩

 만드는 법

1. 병아리콩은 반나절 동안 충분히 불린 후 체에 밭쳐 건진다.

2. 단호박을 썰어 전자레인지에 3분 간 익힌다.

3. 익힌 단호박은 깍둑썰기하고 양 파는 채 썬다. 대파와 실파는 송 송 썬다.

4. 냄비에 기름을 두르고 양파, 대 파, 병아리콩을 넣고 볶다가 물 3 컵을 넣고 25분 정도 끓인다.

5. 믹서에 ④를 넣고 곱게 간 후 다 시 ④의 냄비에 붓고 물 1컵을 마 저 넣고 5분간 끓인다.

6. ⑤에 단호박을 넣고 생크림, 소 금, 흰 후추를 넣어 농도와 간을 조절하고 실파를 뿌려 완성한다.

귀리 오렌지 샐러드

아이의 한 그릇 식사로도 충분한 샐러드로, 만들기도 간편합니다. 최근 슈퍼 곡물로 인기 높은 귀리로 밥을 지어 각종 채소와 함께 먹는 음식으로, 오렌지의 상큼함이 아이를 유혹합니다. 포만감이 충분해 아이를 위한 다른 간식이 필요 없을 정도입니다.

재료

불린 귀리 1과1/2컵, 노랑 · 빨강 · 초록 파프리카 1/8개씩(20g), 오이 15g,

오렌지 1/2개, 아몬드 슬라이스 · 베이비 채소 약간씩

• 허니 오렌지 드레싱 재료

오렌지 주스 2큰술, 꿀 · 레몬즙 1작은술씩, 올리브기름 1큰술, 소금 · 후추 약간씩

만드는 법

1. 귀리는 하루 정도 불린 후 충분히 뜸을 들여 밥을 지은 후 식힌다.

2. 파프리카와 오이는 먹기 좋은 크기로 썬다.

3. 오렌지는 껍질을 벗겨 과육만 길이로 썬다.

4. 볼에 분량의 재료를 섞어 허니 오렌지 드레싱을 만든다.

5. 그릇에 귀리, 파프리카, 오이, 오렌지, 아몬드 슬라이스, 베이비 채소를 담고 드레싱을 뿌려 버무린다.

TIP

귀리로 밥을 지을 때는 불린 귀리 두 배 분량의 물을 넣어 밥을 지은 후 충분히 뜸을 들인다.

귀리
유부초밥

아이에게 귀리로 밥을 지어 유부초밥을 만들어주세요. 톡톡 튀는 귀리의 식감이 씹는 맛을 더해줍니다. 귀리는 아이들의 성장 발육을 돕는 필수아미노산이 들어있어 요리에 다양하게 활용하면 좋습니다. 유부초밥 말고 김밥으로 만들어도 맛있습니다.

재료

귀리밥 1공기, 애호박 30g, 노랑 · 빨강 파프리카 1/8개씩(20g),
콩자반 2큰술, 유부주머니 10장, 포도씨기름 · 소금 약간씩

• 양념 재료

자일로스 설탕 2작은술, 식초 · 통깨 1큰술씩, 소금 · 참기름 1작은술씩

만드는 법

1. 귀리는 하루 정도 충분히 불려 고
슬고슬하게 밥을 짓는다.

2. 귀리밥이 뜨거울 때 분량의 양념
재료로 밑간한다.

3. 애호박과 파프리카는 잘게 썰고
콩자반은 물기를 제거한다.

4. 팬에 기름을 두르고 애호박과 파
프리카를 볶다가 소금으로 간한
다.

5. 볼에 귀리밥과 준비한 재료를 모
두 넣고 잘 섞은 후 유부주머니 속
을 채운다.

TIP

귀리 외에도 보리, 현미
등의 잡곡밥을
사용해도 좋다.

우리밀 만두 스테이크

만두 한두 개는 앉은자리에서 후딱 먹는 것이 보통 아이들입니다. 아이들이 좋아하는 만두에 특별한 변화를 주는 것은 어떨까요. 이 음식은 큰 접시에 만두를 풍성하게 담아 더욱 입맛을 돋웁니다. 아이 친구들이 왔을 때 차려내면 하하 호호 함박웃음을 터뜨릴 겁니다.

재료

시판 우리밀 물만두 15개, 베이비 채소 1줌, 초고추장 1큰술, 포도씨기름 약간

• 반죽 재료

  부침가루 1큰술, 물 4큰술

 만드는 법

1. 물만두는 전자레인지에 3분간 익힌다.

2. 볼에 부침가루와 물을 섞어 반죽한다.

3. 기름을 두른 팬에 물만두를 넣고 반죽을 끼얹어 4~5분간 익힌다.

4. 잘 익으면 뒤집어서 노릇하게 익힌다.

5. ④를 접시에 담고 베이비 채소를 얹고 초고추장을 뿌린다.

땅콩소스 버섯나물

버섯을 좋아하지 않는 아이가 많은데요. 고소한 땅콩소스로 버섯의 맛과 향을 끌어올려 아이의 입맛을 자극하는 반찬입니다. 버섯은 생으로도 먹기 때문에 살짝만 데치고, 땅콩가루는 너무 많이 넣으면 텁텁할 수 있으니 주의하세요.

재료

표고버섯 2개, 양파 1/4개, 백만송이버섯 1줌, 실파 1/2뿌리,
땅콩가루 1작은술, 포도씨기름 약간

- 땅콩 소스 재료
  땅콩가루 2큰술, 간장 1큰술, 다진 마늘 · 참기름 1/2작은술씩

 만드는 법

1. 표고버섯과 양파는 얇게 썰고 백만송이버섯은 먹기 좋게 손질한다. 실파는 송송 썬다.

2. 냄비에 물을 끓인 후 양파, 백만송이버섯, 표고버섯을 데쳐서 물기를 꼭 짠다.

3. ②에 땅콩 소스 재료를 넣어 버무린다.

4. 팬에 기름을 두르고 ③을 볶다가 땅콩가루와 실파를 뿌린다.

TIP
느타리버섯이나
새송이버섯을 사용해도
좋다.

195

제 5 장
반찬만큼 중요하다

- 간식 -

아이들은 하루 세 번의 식사만으로는
성장과 발육에 필요한 영양소를 충분히 공급받기 어렵습니다.
부족한 영양 섭취만이 아니라 간식을 먹으면서
아이들은 스트레스를 해소하기도 합니다.
시험 기간 등 스트레스를 많이 받을 때일수록
엄마가 준비하는 맛있는 간식이 더욱 필요한 이유입니다.

고구마
견과경단

저당지수 식품인 고구마는 아이 간식으로 최고입니다. 그래서 고구마를 이용해 자신 있게 만드는 간식 레시피가 한두 가지만 있어도 매우 요긴합니다. 고구마로 만드는 최강의 레시피 중 하나가 바로 고구마견과경단입니다.

고구마(대) 1개, 혼합 견과류 1/4컵, 꿀 1큰술

 만드는 법

1. 고구마는 물에 씻어 껍질째 1cm 두께로 썰어 전자레인지에 3분 정도 익힌다.

2. 고구마의 껍질을 벗겨서 으깬다.

3. 견과류는 잘게 썬다.

4. 으깬 고구마에 잘게 썬 견과류와 꿀을 넣어 잘 섞는다.

5. ④를 한입 크기로 빚어 고구마경단을 만든다.

채소과일
클렌즈주스

아이에게 설탕 덩어리인 시판 주스를 먹이기보다 각종 신선한 과일로 만든 엄마표 주스를 먹이세요. 아이들을 위한 클렌즈주스가 완성됩니다. 매실은 살균과 해독 작용을 해 여름철 식중독을 예방하고 특히 아이들이 배앓이를 할 때 먹이면 효과적입니다.

바나나 1개, 프레시 파인애플 1링, 케일 3~4장, 생수 1/2컵, 매실청 1/2큰술

 만드는 법

1. 바나나와 파인애플은 큼직하게 썬다.

2. 케일은 깨끗이 씻어 적당히 자른다.

3. 믹서기에 바나나, 파인애플, 케일을 넣은 후 생수와 매실청을 넣고 갈아 주스를 만든다.

TIP ONE

슈퍼 푸드로 꼽히는 케일은 비타민과 섬유질이 풍부하여 소화에 도움을 주고 칼슘이 풍부하게 함유되어 있다.

TIP TWO

바나나와 파인애플 대신 청포도를 넣으면 여름철 음료로 더욱 상큼하게 즐길 수 있다.

과일고추장 떡볶이

아이들이 정말 좋아하는 떡볶이, 그러나 시중에서 판매하는 것은 짜고 달고 매운맛으로 너무나 자극적입니다. 이렇게 걱정이 많은 엄마들을 위해 준비한 레시피입니다. 파인애플이 들어있어 색다르고 매운맛도 덜하며, 특히 모양떡을 이용해 먹는 재미를 선사합니다.

재료

모양떡 300g, 초록 파프리카 1/4개, 빨강 파프리카 1/6개(30g),

프레시 파인애플 1/2링, 메추리알 6개, 검은깨 1/2작은술

- **떡볶이 소스 재료**

  고추장 3큰술, 간장 1작은술, 쌀조청(또는 올리고당) 1큰술, 물 1/4컵

 만드는 법

1. 모양떡은 끓는 물에 2~3분간 익혀 건진다.

2. 파프리카와 파인애플은 깍둑썰기 하고 메추리알은 삶아 껍질을 벗긴다.

3. 냄비에 분량의 재료를 넣고 끓여 떡볶이 소스를 만든다.

4. 떡볶이 소스에 모양떡, 파프리카, 파인애플, 메추리알을 넣고 끓인 후 그릇에 담고 검은깨를 뿌린다.

TIP

예쁜 모양의 컵에 담아 컵떡볶이 또는 알록달록 재료를 꼬치에 꽂아 먹는 재미를 더해보자.

**과일매실청
상그리아**

여름철 밖에 나갔다 오면 냉장고부터 여는 아이를 위해 준비했어요.
새콤달콤하고 입안에서 톡 쏘는 시원한 맛의 음료입니다. 인공향이 들
어있는 시판 음료보다 맛도 영양도 뛰어납니다. 아이가 신맛을 싫어한
다면 매실청의 양을 조절해주세요.

재료

레몬 1/2개, 오렌지 1/4개, 매실청 4큰술, 탄산수 1컵, 얼음 약간

 만드는 법

1. 레몬은 동글납작하게 썰고 오렌지는 반으로 잘라 납작하게 썬다.

2. 컵에 매실청, 레몬, 오렌지를 넣는다.

3. ②에 얼음을 넣고 탄산수를 붓는다.

TIP ONE

설탕을 넣지 않고도
매실청으로
새콤달콤한 맛을 내어
청량감을 준다.

TIP TWO

매실청 대신
다른 과일청을
넣어도 좋다.

오미자
과일화채

오미자도 여름철 온 가족 음료에 많이 이용됩니다. 오미자는 기관지가 약한 아이에게 좋고 감기가 잦고 기침을 많이 할 때도 좋은 치료제 역할을 합니다. 과일은 집에 있는 다른 것으로 대체해도 좋습니다.

재료

오미자 1/4컵, 생수 1컵, 꿀(또는 설탕시럽) 3큰술,

제철 과일(수박 5조각, 참외 1/2개, 천도복숭아 1개), 탄산수 3컵, 얼음 약간

 만드는 법

1. 오미자는 깨끗이 씻어 생수 1컵에 담가 하루 정도 불린 후 면포에 밭쳐 거른다.

2. 오미자 우린 물에 꿀을 넣고 잘 섞는다.

3. 제철 과일은 먹기 좋은 크기로 썬다.

4. 화채 볼에 제철 과일, 오미자 우린 물, 얼음을 넣고 탄산수를 붓는다.

TIP

기호에 따라 꿀(또는 설탕 시럽)을 가감하여 사용한다.

과일
팝시클

아이들은 아이스바도 무척 좋아하지요? 주로 사먹이긴 하지만 각종 첨가물이 없는 건강 아이스바도 의외로 만들기 참 쉽답니다. 약간의 과일과 매실청만 있으면 되거든요. 제철의 과일로 집에 있는 것을 이용해서 만들면 좋습니다.

재료

프레시 파인애플 4링, 키위 1개, 매실청 1큰술

 만드는 법

1. 파인애플은 큼직하게 썰고 키위는 껍질을 벗겨 동글납작하게 썬다.

2. 믹서에 파인애플과 매실청을 넣고 간다.

3. 아이스바틀에 키위를 넣고 파인애플 간 것을 넣어 냉동실에서 6시간 정도 얼린다.

TIP ONE

플레인 요구르트에 신선한 베리류(산딸기, 블루베리 등)를 넣어 만들어도 좋다.

TIP TWO

아이스바틀 대신 종이컵이나 푸딩컵을 사용할 수 있다.

과일
그라니타

그라니타는 과일, 설탕, 와인 등을 섞어 얼려 만든 셔벗으로, 이탈리아에서 시작된 디저트입니다. 여름철 갈증을 느끼는 아이에게 만들어주면 좋습니다. 만드는 법은 간단하지만, 마치 카페에서 즐기는 듯한 기분을 느끼게 해줍니다.

재료

수박 10조각(300g), 키위 1개, 매실청 2큰술

 만드는 법

1. 수박은 큼직하게 썰어 씨를 빼고 키위는 껍질을 벗겨 동글납작하게 썬다.

2. 믹서에 수박과 매실청을 넣고 갈아 주스를 만든다.

3. 용기에 수박 주스를 붓고 키위를 얹는다.

4. ③을 냉동실에 6시간 정도 얼린 후 먹기 좋게 으깬다.

TIP

매실청 대신 레몬즙을 넣으면 더욱 새콤달콤한 맛을 즐길 수 있다.

천도복숭아
브레드푸딩

입안에서 살살 녹는 달콤하고 부드러운 푸딩입니다. 설탕 대신 쌀조청으로 단맛을 내 깔끔한 맛이 특징입니다. 복숭아가 제철인 여름에 만들면 그 맛이 그만입니다. 특히 아이의 생일 파티 때 디저트로 준비하면 좋습니다.

재료

잡곡식빵 2장, 아몬드 슬라이스 약간

- 천도복숭아조림 재료

  천도복숭아 1/4개, 건포도 1큰술, 쌀조청 2큰술, 계핏가루 1/4작은술, 물 1/4컵
- 푸딩 반죽 재료

  우유 1과1/2컵, 달걀 2개, 꿀 2큰술, 소금 약간

 만드는 법

1. 잡곡식빵은 한입 크기로 썰고 천도복숭아는 납작하게 썬다. 건포도는 물에 씻는다.

2. 팬에 쌀조청, 계핏가루, 물을 넣고 3~4분 정도 끓으면 천도복숭아와 건포도를 넣어 천도복숭아조림을 만든다.

3. 볼에 분량의 재료를 섞어 푸딩 반죽을 만든다.

4. 오븐 용기에 잡곡식빵, 천도복숭아조림, 푸딩 반죽, 아몬드 슬라이스 순으로 얹고 170℃로 예열한 오븐에서 25분간 굽는다.

TIP

오븐 용기나 식빵틀, 머핀틀을 사용할 수 있다.

사과견과 퀘사디아

"맛있는 것 좀 해주세요!"라고 외치는 아이를 위해 비장의 무기가 필요할 때 권하는 메뉴입니다. 퀘사디아는 토르티야 속에 여러 가지 재료를 넣어 반달 모양으로 구워서 먹는 멕시코 요리입니다. 토르티야에 사과와 계핏가루를 넣어보세요. 기분 좋은 여러 가지 풍미를 느낄 수 있습니다.

재료

사과 1/4개, 혼합 견과류 3큰술, 계핏가루 1/3작은술, 올리고당 2큰술,
토르티야 2장, 피자 치즈 4큰술

 만드는 법

1. 사과는 껍질째 얇게 썰고 견과류
도 잘게 썬다.

2. 볼에 계핏가루와 올리고당을 넣
고 잘 섞는다.

3. 사과를 넣고 10분 동안 절인다.

4. 팬에 토르티야를 얹고 반만 사과
를 포개서 얹고 견과류와 피자 치
즈를 골고루 올린다.

5. 토르티야를 반으로 접어 5~6분
동안 노릇하게 구운 후 먹기 좋
게 썬다.

치아시드
컵
요구르트

항산화 성분이나 오메가3, 식이섬유 등이 풍부한 건강식품으로 각광
받는 치아시드를 아이에게 먹여볼까요? 요구르트, 과일 등과 함께하
면 영양 만점 간식이 탄생합니다. 치아시드는 두유를 넣고 15분 정도
충분히 불려야 부드러워져서 아이가 먹기도 편하답니다.

재료

치아시드 1/2큰술, 망고 1/4개, 떠먹는 요구르트(플레인) 1개,
블루베리 1/3컵, 두유 · 시리얼 · 블루베리잼 2큰술씩

만드는 법

1. 아이스크림컵에 치아시드와 두유를 넣고 치아시드를 15분간 불린다.

2. 망고는 껍질을 벗기고 먹기 좋게 썬다.

3. ①에 요구르트, 망고, 블루베리, 시리얼, 블루베리잼을 올린다.

TIP ONE

요구르트에는 우리 몸에
유익한 살아 있는 균으로
알려진 프로바이오틱스
유산균이 들어있어
각종 질병을 예방하고
소화 기능 향상 뿐만 아니라
장을 건강하게 해준다.

TIP TWO

두유는 국내산 콩으로 만든 것이
좋고 콩을 그대로 갈아 콩이 지닌
단백질, 이소플라본,
식이섬유 등의 영양분을
고스란히 섭취할 수 있는
'전두유' 제품을
고르는 것이 좋다.

슈퍼 건강바

언제나 먹고 싶은, 초코바를 연상시키는 아이를 위한 건강바입니다. 쌀 조청의 자극적이지 않은 단맛과 견과류가 어우러진 최고의 아이 간식입니다. 먹기 좋은 크기로 잘라 냉동 보관하면 먹고 싶을 때마다 조금씩 꺼내 오래 먹을 수 있습니다.

재료

쌀조청 1/3컵, 물 2큰술, 혼합 견과류 1과1/2컵, 포도씨기름 1큰술

 만드는 법

1. 냄비에 쌀조청과 물을 넣고 중간 불에서 2분간 끓인다.

2. 혼합 견과류를 넣고 잘 섞는다.

3. 틀에 기름을 바르고 ②를 평평하게 펼쳐 담는다.

4. ③을 냉장고에 넣어 굳힌 후 먹기 좋은 크기로 썬다.

TIP

덥고 습한 여름철에는 냉장고에서 더 오랫동안 단단하게 굳힌다.

참깨
아몬드트윌

아이들이 좋아할 만한 쿠키도 집에서 간단히 만들 수 있습니다. 참깨와 아몬드가 만나 고소함이 배가되는 쿠키입니다. 참깨 말고 검은깨를 넣어도 독특한 풍미를 자랑합니다. 자극적이고 강한 맛의 과자 대신 엄마의 정성을 담아 만들어보세요.

재료

자일로스 설탕 30g, 박력분 10g, 참깨 1/4컵, 아몬드 슬라이스 3/4컵, 달걀흰자 1개

만드는 법

1. 볼에 설탕, 체 친 박력분, 참깨, 아몬드 슬라이스를 넣고 고루 섞는다.

2. 달걀흰자를 넣고 잘 섞어 반죽한다. 기포가 생기지 않도록 주의한다.

3. 오븐팬에 테프론지를 깔고 ②의 반죽을 1/2큰술씩 떠서 포크로 납작하게 눌러가며 동그란 모양을 잡는다. 170℃로 예열한 오븐에서 8분 동안 굽는다.

TIP ONE

달걀흰자를 넣고
자르듯이 섞어
기포가 생기지 않게 한다.

TIP TWO

참깨는 칼슘이 풍부해서
성장기 어린이의 뼈와
치아 건강에 좋다.

두부 블루베리 요구르트

요구르트에 두부를 넣으면 어떤 맛일까요? 특유의 부드러움은 그대로 살아 있고 꿀을 넣어 달달한 맛으로 아이들이 좋아합니다. 평소와 다른 특별하고 건강한 요구르트를 주고 싶을 때 만들어보세요.

재료

생식용 두부(또는 데친 두부) 1/4모, 블루베리 2/3컵, 꿀 1큰술,
떠먹는 요구르트(플레인) 1개

 만드는 법

1. 믹서에 생식용 두부, 블루베리, 꿀을 넣고 곱게 간다.

2. ①에 요구르트를 넣어 잘 섞는다.

3. ②를 컵에 담은 후 블루베리를 얹어 장식한다.

TIP ONE

토핑으로 각종 견과류를
잘게 썰어
곁들여도 좋다.

TIP TWO

채소스틱에 곁들여
먹어도 좋다.

딸기칩
머랭쿠키

제과점에서나 만나던 쿠키를 집에서 만들면 좀 더 건강에 좋지 않을까요? 모양도 맛도 훌륭한 딸기칩머랭쿠키는 자일로스 설탕으로 열량을 조절했습니다. 바삭한 식감으로 아이뿐만 아니라 어른들도 좋아합니다.

재료

달걀흰자 1개, 자일로스 설탕 40g, 건조 딸기 약간

 만드는 법

1. 달걀흰자는 핸드믹서로 거품을 낸 후 거품이 매끈해지면 설탕의 1/3 분량을 넣고 다시 거품을 낸다.

2. ①에 나머지 설탕을 넣고 거품이 단단해질 때까지 낸다. 볼을 뒤집었을 때 거품이 흘러내리지 않을 정도면 적당하다.

3. 짤주머니에 팁을 끼우고 ②의 반죽을 넣는다.

4. 오븐팬에 테프론지를 깔고 짤주머니의 반죽을 짜서 건조 딸기를 뿌린다. 100℃로 예열한 오븐에서 1시간 동안 굽는다.

TIP

거품이 충분히 올라온 다음 설탕을 두세 번에 나누어 넣어야 거품이 잘 생긴다.

미숫가루
아몬드쿠키

미숫가루를 넣어 만든 고소한 무공해 쿠키입니다. 특히 자일로스 설탕을 사용해 아이의 건강을 생각했습니다. 자일로스 설탕은 단맛은 설탕과 같지만 설탕 분해 효소의 활성을 억제해 몸에 설탕이 흡수되는 것을 줄여줍니다.

재료

달걀 1개, 포도씨기름 50g, 소금 2g, 자일로스 설탕 40g, 박력분 110g,
미숫가루 20g, 아몬드 슬라이스 30g

 만드는 법

1. 볼에 달걀을 풀고 기름을 넣어 잘
   저은 후 소금과 설탕을 조금씩 넣
   어가며 다시 저어준다.

2. ①에 체 친 박력분과 미숫가루를
   넣고 섞어 반죽한다.

3. ②의 반죽에 아몬드 슬라이스를
   넣고 한 덩어리가 되도록 잘 뭉
   친다.

4. 오븐팬에 테프론지를 깔고 ③의
   반죽을 한 숟가락씩 떼어 놓고 납
   작하게 모양을 잡는다. 170℃로
   예열한 오븐에서 15분 정도 굽
   는다.

TIP

미숫가루 대신
현미가루를 사용해도
좋다.

슈퍼
잡곡빵

밀가루와 버터, 설탕 등을 주원료로 하는 빵이 건강에는 그다지 좋지 않다고 하는데요. 이럴 때 엄마가 만들어주는 빵은 안심하고 먹일 수 있을 겁니다. 정제된 밀가루와 버터 대신 우리통밀가루와 포도씨기름으로 만든 건강 빵을 소개합니다.

재료

우리통밀가루 180g, 베이킹파우더 10g, 포도씨기름 50g, 달걀 1개, 우유 50g,
자일로스 설탕 50g, 소금 2g, 오트밀 70g

만드는 법

1. 볼에 체를 올리고 우리통밀가루
   와 베이킹파우더를 내린다.

2. 또 다른 볼에 기름, 달걀, 우유, 설
   탕, 소금을 넣고 잘 섞는다.

3. ②에 ①의 가루와 오트밀을 넣
   고 주걱으로 반죽을 자르듯이 섞
   는다.

4. ③의 반죽을 적당량씩 떼어 동그
   랗게 모양을 잡는다.

5. ④의 반죽에 오트밀을 묻혀 오븐
   팬에 테프론지를 깔고 일정한 간
   격으로 놓는다. 180℃로 예열한
   오븐에서 약 20분간 굽는다.

TIP
슈퍼잡곡빵에 각종
과일잼을 곁들여도
좋다.

미니단호박
샌드위치

아이가 시판 음식을 자주 먹게 되면 자극적인 입맛에 길들여질 게 분명합니다. 샌드위치 정도는 집에서 엄마가 만들어주면 좋을 것 같습니다. 엄마의 정성을 가득 담아 레시피대로 만들면 꼬치에서 뽑아 먹는 재미와 함께 맛만큼은 절대 보장합니다.

잡곡식빵 1장, 오이 약간(30g), 방울토마토 2개, 혼합 견과류 2큰술,
찐 단호박 약간(60g), 꿀 1큰술, 소금 약간

만드는 법

1. 식빵은 가장자리를 잘라내고 4등
   분하여 팬에 기름을 두르지 않고
   앞뒤로 가볍게 굽는다.

2. 오이는 길이로 반 잘라 반달 모양
   으로 썰고 방울토마토는 꼭지를
   떼고 혼합 견과류는 잘게 썬다.

3. 볼에 찐 단호박, 견과류, 꿀, 소금
   을 넣고 버무린다.

4. 잡곡식빵 2개에 ③을 올리고 남
   은 잡곡식빵으로 덮는다.

5. 꼬치에 오이, 샌드위치, 방울토마
   토 순으로 꿴다.

망고살사 부르스게타

부르스게타는 이탈리아의 전채요리로, 만들기 간단해서 가벼운 식사나 간식으로 적당합니다. 아이들이 좋아하는 망고를 토핑으로 활용한 살사부르스게타로, 바게트 대신 크래커나 작게 자른 식빵을 이용해도 좋습니다. 흘리며 먹기 쉬우니 앞접시를 반드시 준비해주세요.

재료

바게트 6조각, 올리브기름 약간

- 망고 살사 재료

  망고 1/2개, 토마토 1개, 적양파 1/6개(30g), 초록 파프리카 1/4개
- 드레싱 재료

  레몬즙 · 올리브기름 1큰술씩, 올리고당 1작은술, 소금 1/3작은술, 후추 약간

 만드는 법

1. 바게트는 한쪽 면에 기름을 발라 앞뒤로 노릇하게 굽는다.

2. 망고 살사 재료는 모두 잘게 깍둑 썰기한다.

3. 볼에 분량의 재료를 섞어 드레싱을 만든다.

4. 볼에 ②와 ③을 넣고 버무려 망고 살사를 만들어 ①의 바게트에 올린다.

TIP

망고 외에 멜론이나
복숭아를 넣어
과일 살사로 즐겨도 된다.

떠먹는 고구마 치즈구이

고구마와 치즈의 만남이라니, 요리 이름만 들어도 입안에서 침이 고일 만큼 맛있는 간식입니다. 만들기도 쉽고 간단해서 배고픈 아이에게 빠르게 준비해 줄 수 있습니다. 게다가 아이들에게 떠먹는 재미도 더해 준답니다.

재료

고구마(대) 1개, 방울토마토 4개, 피자 치즈 1/2컵, 건포도 1큰술, 포도씨기름 약간

 만드는 법

1. 고구마는 씻어서 껍질째 1cm 두께로 썰어 전자레인지에 3분간 익힌다.

2. 방울토마토는 반으로 자른다.

3. 팬에 기름을 두르고 고구마와 방울토마토를 넣고 피자 치즈와 건포도를 뿌린다. 토스터나 오븐에 넣고 7~8분간 굽는다.

TIP ONE

피자 치즈 대신 슬라이스 치즈를 사용해도 된다.

TIP TWO

건포도와 함께 각종 견과류를 곁들여도 좋다.

영양
오색달걀빵

학교 다닐 때 먹었던 따뜻하고 고소한 달걀빵 기억하시나요? 한 개로
는 턱없이 부족할 만큼 맛있었던 달걀빵을 우리 아이에게 만들어줄까
요? 밀가루가 아닌 쌀로 만든 식빵을 이용해 아이를 위한 건강식으로
추천합니다.

재료

쌀식빵 1장, 당근 · 애호박 약간씩(10g), 피자 치즈 1/3컵, 달걀 4개,
건포도 · 아몬드 슬라이스 2큰술씩, 포도씨기름 약간

 만드는 법

1. 머핀틀에 기름을 바르고 식빵을
   깍둑썰기해 바닥 면과 가장자리
   에 채워 담는다.

2. 당근과 애호박은 짧게 채 썬다.

3. ①의 머핀틀에 당근, 애호박, 피
   자 치즈를 담고 달걀을 깨뜨려 넣
   는다.

4. ③에 건포도와 아몬드 슬라이스
   를 얹어 170℃로 예열한 오븐에
   서 15분 정도 굽는다.

TIP

식빵을 자르지 않고
밀대로 얇게 밀어
머핀틀에 넣어도 좋다.

채소롤
샌드위치

잡곡식빵만 있으면 냉장고 속 채소를 모아 후다닥 만들어주기 좋은 간식입니다. 지방 성분 많은 마요네즈 대신 두부 페이스트로 맛을 내 아이의 건강을 책임지는 엄마표 샌드위치입니다. 파프리카의 아삭한 식감이 씹는 맛을 더해줍니다.

재료

잡곡식빵 2장, 빨강 파프리카 1/6개(30g), 오이 약간(30g), 프레시 파인애플 1/2링,
두부 페이스트 3큰술

 만드는 법

1. 잡곡식빵은 밀대로 얇게 민다.

2. 파프리카, 오이, 파인애플은 길이
로 채 썬다.

3. ①의 잡곡식빵에 두부 페이스트
를 고루 펴 바른다.

4. ③의 잡곡식빵에 파프리카, 오이,
파인애플을 얹어 돌돌 말아 먹기
좋게 썬다.

TIP
속 재료로 땅콩이나
호두를 넣으면
고소한 맛을 더할 수 있다.

50년 요리 명가의 아이 반찬&간식

초판 1쇄 발행일 2016년 12월 20일
초판 3쇄 발행일 2018년 5월 10일

지은이 | 박보경
펴낸이 | 김명희
기획, 진행 | 강혜경
사진 | 박건주
어시스턴트 | 구은미
스타일링 | 박정윤
어시스턴트 | 정겨운
본문 디자인 | 디자인봄

펴낸곳 | 다봄
등록 | 2011년 1월 15일 제395-2011-000104호
주소 | 경기도 고양시 덕양구 고양대로 1384번길 35
전화 | 031-969-3073
팩스 | 02-393-3858
전자우편 | dabombook@hanmail.net

ⓒ 박보경 2016

ISBN 979-11-85018-41-6 13590

이 도서의 국립중앙도서관 출판시도서목록(CIP)은 서지정보유통지원시스템 홈페이지(http://seoji.nl.go.kr)와 국가자료공
동목록시스템(http://www.nl.go.kr/kolisnet)에서 이용하실 수 있습니다.(CIP제어번호: CIP2016026785)